Mães Narcisistas: A Verdade sobre ser Filha de uma Mãe Narcisista e Como Superar. Um Guia para Cura e Recuperação após o Abuso Narcisista

Publicações de Alexandria

Published by Digital Mind, 2024.

While every precaution has been taken in the preparation of this book, the publisher assumes no responsibility for errors or omissions, or for damages resulting from the use of the information contained herein.

MÃES NARCISISTAS: A VERDADE SOBRE SER FILHA DE UMA MÃE NARCISISTA E COMO SUPERAR. UM GUIA PARA CURA E RECUPERAÇÃO APÓS O ABUSO NARCISISTA

First edition. February 4, 2024.

Copyright © 2024 Publicações de Alexandria.

ISBN: 979-8224245437

Written by Publicações de Alexandria.

Also by Publicações de Alexandria

Hipnose Extrema para Perda Rápida de Peso em Mulheres: Aprenda a Perder Peso com Hipnose e Poder Mental.

Aprender a Administrar o Dinheiro: Educação Financeira desde a Infáncia até a Adolescencia.Ensinando seus Filhos a Poupar, Gastar e Investir de Forma Inteligente.

Pais Narcisistas: O Desafio de Ser Filho ou Filha de um Pai Narcisista, e Como Superar. Um Guia para Cura e Recuperação Após o Abuso Dissimulado

Mães Narcisistas: A Verdade sobre ser Filha de uma Mãe Narcisista e Como Superar. Um Guia para Cura e Recuperação após o Abuso Narcisista

Table of Contents

Introdução

No vasto espectro das relações humanas, a ligação mãe-filho constitui uma base, uma rede de apoio emocional destinada a nutrir e florescer. No entanto, na complicada teia destas relações, por vezes revela-se um fenómeno psicológico intrigante e desafiante: o narcisismo materno.

Mas o que realmente significa ser uma mãe narcisista? Simplificando a ideia, estamos nos referindo àquelas mães cujo foco principal parece ser a própria imagem e desejos, ofuscando, muitas vezes sem perceber, as necessidades emocionais dos próprios filhos. Este livro busca aprofundar esse fenômeno, lançando luz sobre um recanto obscuro e pouco explorado da psicologia materna.

Para compreender este fenômeno complexo, imaginemos um teatro emocional onde as mães narcisistas desempenham o papel principal. No palco público, podem projetar uma imagem impecável da maternidade, mas nos bastidores as máscaras escorregam, revelando uma complexidade de emoções e comportamentos. Essas mães são como atrizes habilidosas que trocam de máscara com maestria dependendo das circunstâncias, deixando seus filhos presos em uma confusa dança de identidade.

Na infância, período crucial para a formação do ser, essas mães plantam sementes no solo fértil do psiquismo da criança. A constante supervalorização e falta de validação da mãe pelas experiências individuais da criança podem se tornar uma tempestade emocional que afeta a autoimagem e a autoestima da criança.

É essencial reconhecer que falar sobre o narcisismo materno não é um ato de rebelião, mas sim um passo corajoso em direção à compreensão e à cura. Muitas que cresceram à sombra de mães narcisistas carregam cicatrizes emocionais invisíveis, marcadas pelo desejo inato de serem vistas e validadas. Romper o silêncio em torno dessas experiências dolorosas é o primeiro passo para a liberação emocional.

Nesta jornada de exploração, abordaremos as complexidades do narcisismo materno sem jargões complicados ou termos psicológicos inacessíveis. Procuramos construir uma ponte entre a investigação especializada e a compreensão quotidiana, permitindo que tanto quem está familiarizado com a psicologia como quem não o conhece, mergulhe no enredo desta história humana.

Ao longo destas páginas, aprofundaremos os ciclos de abuso emocional, exploraremos estratégias de enfrentamento e refletiremos sobre a possibilidade de cura e crescimento. Este livro não é apenas uma tentativa de decifrar o enigma das mães narcisistas, mas também um farol de esperança para aqueles que procuram compreender, aceitar e, em última análise, libertar-se das cadeias emocionais que podem ter marcado o seu passado.

Em cada palavra escrita, pretendemos fornecer um mapa que guie os leitores através deste terreno complexo e, ao fazê-lo, ofereça um espaço onde a empatia e a compreensão possam florescer. Em última análise, este livro é um testemunho da força humana, da resiliência e da capacidade de encontrar luz mesmo nos lugares mais sombrios de nossas experiências emocionais.

Capítulo 1: Mães Narcisistas

Nesta jornada de exploração psicológica, entramos em um território emocional complexo: o mundo das mães narcisistas. Para muitos, o termo "narcisismo" evoca imagens de vaidade e egocentrismo, mas no contexto da maternidade este fenómeno assume uma dimensão única e desafiadora. Neste primeiro capítulo, mergulharemos nas águas turbulentas das relações mãe-filho marcadas pelo narcisismo, buscando compreender as raízes, os impactos e os mistérios desse enigma emocional.

Imagine, se puder, o conceito de mãe cujo universo gira intensamente em torno de sua autoimagem, de seus desejos e de suas conquistas. Esta mãe, que poderia ser uma figura essencial na vida de uma criança, muitas vezes se vê envolvida numa complicada dança de necessidades emocionais não satisfeitas. Assim, entramos no território das mães narcisistas, mulheres cuja forma de abordar a maternidade é marcada por uma busca constante por validação e atenção.

1.1 Definição e características do narcisismo materno Início da forma

Definição simplificada de narcisismo materno

Em termos simples, o narcisismo materno refere-se a um padrão de comportamento em que a mãe concentra a sua atenção desproporcionalmente em si mesma, nas suas necessidades e desejos, muitas vezes ofuscando as necessidades emocionais dos seus próprios filhos. Este foco excessivo em si mesmo pode manifestar-se de diversas formas na dinâmica mãe-filho e pode ter um impacto significativo no desenvolvimento emocional das crianças.

Imagine uma mãe vendo seus filhos através do prisma de sua própria existência, avaliando-os pela forma como refletem sua autoimagem e satisfazem suas necessidades emocionais. Essa mãe pode buscar constantemente validação externa, buscando que seus filhos preencham o vazio emocional que ela mesma talvez não tenha conseguido preencher.

Principais características do narcisismo materno

Agora que estabelecemos uma definição básica, vamos explorar algumas das principais características que descrevem o narcisismo materno.

1. **Supervalorização Constante:** Uma mãe narcisista pode supervalorizar seus filhos de uma forma aparentemente positiva. Porém, essa supervalorização pode ser exagerada e condicional, ligada à capacidade da criança de satisfazer as necessidades emocionais da mãe. As conquistas da criança tornam-se uma extensão do ego da mãe, em vez de celebrações individuais do crescimento e sucesso da criança.

2. **Falta de empatia:** A empatia, a capacidade de se colocar no lugar de outra pessoa, costuma diminuir em uma mãe narcisista. As experiências e emoções das crianças podem ser minimizadas ou ignoradas, pois a atenção da mãe está fortemente focada nas suas próprias preocupações e desejos.

3. **Máscaras Emocionais:** No palco público, a mãe narcisista pode projetar uma imagem de maternidade impecável, recebendo elogios e admiração daqueles

que a rodeiam. Porém, na privacidade do lar, as máscaras escorregam, revelando a complexidade e às vezes a escuridão dos verdadeiros sentimentos e comportamentos da mãe.

4. **Manipulação Emocional:** A manipulação emocional pode ser uma ferramenta comum no arsenal de uma mãe narcisista. Isto pode manifestar-se através de tácticas subtilmente coercivas destinadas a controlar as emoções e acções das crianças para satisfazer as necessidades da mãe.

5. **Busca Constantemente Validação:** A mãe narcisista busca continuamente validação externa para manter sua autoimagem. Essa busca pode se estender ao relacionamento com os filhos, que muitas vezes se encontram no papel de provedores dessa validação, gerando uma dinâmica desigual no relacionamento.

6. **Expectativas irrealistas:** As expectativas da mãe narcisista podem ser excessivas e irrealistas. Ela espera que os seus filhos cumpram padrões elevados e, ao mesmo tempo, espera que essas conquistas reflictam positivamente sobre ela.

7. **Dificuldade em aceitar críticas:** As críticas, mesmo construtivas, podem ser mal recebidas por uma mãe narcisista. A fragilidade da sua autoimagem pode levá-la a rejeitar qualquer sugestão de que possa haver áreas para melhoria na sua abordagem maternal.

A compreensão dessas características fornece uma estrutura para explorar as complexidades dos relacionamentos afetados pelo narcisismo materno. Cada uma destas facetas contribui para uma dinâmica única que pode ter consequências significativas no desenvolvimento emocional das crianças.

É fundamental lembrar que, embora essas características delineiem padrões de comportamento observados em mães narcisistas, nem todas as mães que apresentam algumas dessas características são automaticamente classificadas como narcisistas. A complexidade das relações humanas envolve uma variedade de fatores e cada situação é única.

1.2 Impacto na vida das crianças

A) Desenvolvimento Emocional e Autoestima

Um dos impactos mais significativos é a influência no desenvolvimento emocional das crianças. Imagine um jardim emocional onde a autoestima e a autoconfiança deveriam florescer. Com uma mãe narcisista, este jardim pode ser afetado por uma sombra persistente. As crianças podem crescer sentindo que o seu valor está diretamente ligado à capacidade de satisfazer as necessidades emocionais da mãe.

A autoestima, essa avaliação interna de si mesmo, pode vacilar sob o peso de expectativas irrealistas e da falta de validação genuína. As crianças podem internalizar a ideia de que nunca são boas o suficiente, uma vez que a atenção e o carinho da mãe narcisista são dados condicionalmente, com base no atendimento às suas expectativas.

B) Relações Interpessoais

O impacto estende-se para além da relação mãe-filho, afectando a forma como as crianças se relacionam com os outros. Crescer com uma mãe narcisista pode influenciar sua capacidade de formar relacionamentos saudáveis e significativos. A falta de empatia e uma abordagem egocêntrica podem dificultar a compreensão e a conexão emocional das crianças com os outros.

A busca constante por validação pode levar a padrões comportamentais em que as crianças buscam excessivamente a aprovação externa, criando dinâmicas interpessoais desequilibradas. Eles podem tornar-se extremamente sensíveis às críticas e ter dificuldade em estabelecer limites saudáveis nos seus relacionamentos.

C) Ansiedade e Depressão

O peso emocional de crescer com uma mãe narcisista pode levar a problemas de saúde mental, como ansiedade e depressão. A pressão constante para satisfazer expectativas irrealistas e a falta de apoio emocional podem levar a elevados níveis de stress. As crianças podem sentir-se presas num ciclo de procura constante de aprovação, acompanhada de ansiedade por não conseguirem corresponder às expectativas maternas.

A falta de validação e reconhecimento de suas próprias necessidades emocionais pode contribuir para sentimentos de tristeza e desesperança. As crianças podem ter a sensação de que as suas realizações não são suficientemente boas, independentemente do esforço investido, o que pode alimentar a depressão.

D) Desenvolvimento de Identidade

O processo de formação da identidade pessoal também é influenciado pela presença de uma mãe narcisista. As crianças podem ter dificuldade em desenvolver uma compreensão forte e positiva de quem realmente são, pois as suas experiências são ofuscadas pelas necessidades e desejos da mãe.

Em vez de encorajar a exploração e expressão individual, uma mãe narcisista pode impor as suas próprias expectativas e desejos aos seus filhos, limitando a sua capacidade de descobrir e abraçar a sua identidade única. Isso pode criar uma sensação de confusão e desconexão de si mesmo.

E) Medo do Abandono e Relacionamentos Codependentes

A dinâmica com uma mãe narcisista pode semear o medo do abandono. As crianças podem aprender a temer a perda da aprovação materna e, portanto, podem desenvolver padrões de comportamento co-dependentes . Isso pode se manifestar na busca constante da aprovação dos outros, muitas vezes sacrificando as próprias necessidades no processo.

A dependência emocional pode tornar-se uma estratégia de sobrevivência, à medida que as crianças aprendem a adaptar-se às novas exigências da mãe narcisista para manter um sentimento ilusório de ligação e segurança.

1.3 Reconhecendo padrões de comportamento narcisista

Para aqueles que cresceram com uma mãe narcisista, reconhecer padrões comportamentais específicos pode ser uma tarefa crítica, mas desafiadora. Não se trata apenas de compreender as características gerais do narcisismo materno, mas sim de identificar como essas características se manifestam no cotidiano.

1. Necessidade Constante de Atenção e Validação

Um dos padrões mais óbvios é a necessidade constante de atenção e validação por parte da mãe. Imagine um cenário onde todas as conversas, decisões e conquistas devem focar nela. Se você perceber que sua mãe sempre direciona a conversa para si mesma, busca elogios constantemente e precisa estar no centro das atenções, esses podem ser sinais de uma dinâmica narcisista.

Esse padrão pode ser especialmente evidente em situações em que deveria ser um momento especial para a criança, como formaturas, conquistas pessoais ou eventos importantes. Se sua mãe tende a transformar esses momentos em função dela, buscando elogios e minimizando suas realizações, você pode estar lidando com uma mãe narcisista.

2. Falta de empatia e compreensão emocional

A falta de empatia é outra característica fundamental. Tente se lembrar de situações em que você compartilhou seus sentimentos ou preocupações com sua mãe. Ela demonstrou compreensão e apoio emocional genuínos ou direcionou a conversa para suas próprias experiências e emoções? Uma mãe narcisista muitas vezes acha difícil se conectar emocionalmente com os outros, pois suas próprias necessidades e emoções vêm à tona.

Esse padrão pode se manifestar de várias maneiras, desde minimizar seus sentimentos até ignorar completamente suas experiências emocionais. A falta de empatia pode criar um ambiente onde você se sente incompreendido e emocionalmente desconectado de sua mãe.

3. Manipulação sutil para conseguir o que deseja

A manipulação sutil é uma tática comum no repertório de uma mãe narcisista. Pode se manifestar de várias maneiras, desde usar lágrimas para ganhar simpatia até aplicar culpa para fazer com que você atenda às expectativas deles. Se você perceber que sua mãe tem talento para fazer você se sentir responsável pela felicidade dela ou que ela usa táticas de manipulação para conseguir o que deseja, você pode estar lidando com um comportamento narcisista.

A manipulação também pode aparecer na forma de críticas disfarçadas de conselhos bem-intencionados. Uma mãe narcisista pode usar feedback aparentemente construtivo para controlar sutilmente suas escolhas e ações.

4. Raiva ou raiva diante da contradição

Outro padrão a levar em conta é a reação da sua mãe à contradição. As mães narcisistas podem ter dificuldade em aceitar opiniões divergentes ou críticas. Se você notar que sua mãe reage com raiva, irritação ou até mesmo desprezo quando você discorda dela, isso pode ser uma indicação de um padrão narcisista.

Esse comportamento pode fazer com que você se sinta constrangido ao expressar suas próprias opiniões, contribuindo para uma dinâmica em que sua mãe dita a narrativa e você é forçado a se conformar às perspectivas dela.

5. Concorrência Constante e Comparações Desfavoráveis

A mãe narcisista muitas vezes vê os filhos como uma extensão de si mesma. Se você notar competição constante ou comparações desfavoráveis entre você e seus irmãos ou outras pessoas, isso pode ser um sinal claro. A mãe narcisista pode perceber os filhos como uma ameaça à sua própria imagem, gerando uma dinâmica na qual busca manter o controle e a superioridade.

Esse padrão pode afetar significativamente a sua autoestima e contribuir para a sensação de nunca ser bom o suficiente, pois comparações desfavoráveis criam um padrão impossível de ser alcançado.

6. Mudança de atitude em relação à crítica construtiva

Observe como sua mãe reage às críticas construtivas. Uma mãe saudável pode aceitar feedback que visa melhorar o relacionamento e resolver problemas. Por outro lado, uma mãe narcisista pode rejeitar qualquer sugestão de melhoria, interpretando-a como um ataque pessoal.

Se você perceber que sua mãe tem dificuldade em receber críticas construtivas e sempre reage com defesa ou negação, isso pode ser um indicativo de um padrão narcisista.

7. Uso da culpa como ferramenta de controle

A mãe narcisista pode usar a culpa como uma ferramenta eficaz de controle. Se você acha que sua mãe tem a capacidade de fazer você se sentir responsável pela felicidade dela ou que ela usa táticas de culpa para conseguir o que deseja, você está observando um padrão narcisista.

Esse comportamento pode criar um senso de obrigação e responsabilidade emocional para com sua mãe, criando uma dinâmica na qual você se sente preso e obrigado a atender às necessidades dela em detrimento das suas.

Reconhecer estes padrões de comportamento narcisista não é um exercício de apontar o dedo, mas sim uma ferramenta para compreender a dinâmica subjacente na relação mãe-filho. Identificar estes sinais pode ser o primeiro passo para compreender e, eventualmente, construir limites saudáveis e estratégias de enfrentamento eficazes.

Capítulo 2: Raízes do Narcisismo Materno

C ompreender as raízes do narcisismo materno envolve olhar além das manifestações superficiais do comportamento. Não se trata simplesmente de identificar as características óbvias, mas de mergulhar no terreno psicológico onde essas dinâmicas se originam e tomam forma. Ao fazê-lo, não só iluminamos os factores que contribuem para o narcisismo materno, mas também cultivamos uma compreensão mais profunda das mães que apresentam estes padrões e como estas características afectam as relações com os seus filhos.

O narcisismo materno, em sua essência, é uma manifestação complexa da psique humana, influenciada por uma interseção de fatores biológicos, psicológicos e ambientais. Explorar as raízes deste fenómeno envolve considerar várias perspectivas e examinar a interacção destes factores no desenvolvimento da personalidade e na dinâmica parental.

2.1 Fatores psicológicos e ambientais

Para compreender verdadeiramente as raízes do narcisismo materno, devemos mergulhar nas intrincadas nuances dos factores psicológicos e ambientais que moldam esta dinâmica complexa.

Fatores psicológicos: explorando as profundezas da personalidade

Do ponto de vista psicológico, o narcisismo materno encontra suas raízes na complexidade da personalidade e na forma como certos traços se desenvolvem ao longo do tempo. Duas teorias psicológicas proeminentes, a teoria psicanalítica de Freud e a teoria do apego de Bowlby, oferecem perspectivas valiosas sobre como os fatores psicológicos contribuem para o narcisismo materno.

Segundo Freud, o narcisismo se origina numa fase inicial do desenvolvimento psicossexual, onde a criança experimenta prazer egocêntrico. Se esta fase não for concluída de forma adequada, o indivíduo pode desenvolver uma orientação narcisista em que a busca pela gratificação está centrada em si mesmo. No contexto do narcisismo materno, uma mãe que não facilita adequadamente a transição do seu filho para uma orientação mais externa pode contribuir para a formação de características narcisistas.

A teoria do apego de Bowlby, por outro lado, destaca a importância dos relacionamentos iniciais, especialmente o relacionamento entre mãe e filho, na formação da personalidade. Se a mãe não for capaz de proporcionar um ambiente de apego seguro e nutrição emocional, a criança pode desenvolver padrões de apego inseguros que, por sua vez, contribuem para o desenvolvimento de características narcisistas.

Fatores Ambientais: O Papel do Meio Ambiente na Formação do Narcisismo Materno

Em ambientes que enfatizam desproporcionalmente o desempenho, a aparência e a validação externa, as crianças podem internalizar esses valores e desenvolver uma orientação narcisista. Se a mãe supervaloriza o status social, o sucesso material ou a aparência, esses valores podem ser repassados aos filhos, influenciando na busca por validação e reconhecimento.

A dinâmica familiar e as interações sociais também desempenham um papel crucial. Uma criança que cresce num ambiente onde a atenção e a validação são escassas pode desenvolver estratégias de enfrentamento que se alinhem com padrões narcisistas para buscar a atenção perdida. Nessas situações, o narcisismo pode surgir como resposta à necessidade constante de se sentir valorizado.

Influência do estresse e do trauma: como experiências difíceis contribuem para o narcisismo materno

Estresse e trauma são fatores que não devem ser subestimados quando se exploram as raízes do narcisismo materno. As experiências traumáticas, seja na infância da mãe ou ao longo da sua vida, podem ter um impacto significativo na forma como ela aborda a maternidade.

O narcisismo pode se tornar um mecanismo de defesa contra o estresse ou a dor emocional, criando uma barreira que dificulta a conexão emocional com seus filhos. Em vez de enfrentar a dor, a mãe pode refugiar-se em comportamentos narcisistas como forma de se proteger emocionalmente.

Influências Culturais e Sociais: O Contexto Mais Amplo da Formação do Narcisismo Materno

O narcisismo materno também é influenciado pelas normas culturais e sociais que cercam uma comunidade. As sociedades que supervalorizam o individualismo, o sucesso material e a competição podem encorajar o surgimento de características narcisistas na criação dos filhos.

As expectativas culturais sobre o papel da mãe e as pressões para cumprir os padrões socialmente impostos podem contribuir para a formação do narcisismo materno. Num contexto onde a validação externa é considerada crucial, as mães podem internalizar estas expectativas e transmiti-las aos seus filhos.

Estes factores não existem isoladamente; pelo contrário, interagem de formas complexas e multifacetadas, criando o terreno fértil para o desenvolvimento de comportamentos narcisistas na maternidade.

2.2 Herança genética e sua influência

1. O que significa herança genética no contexto do narcisismo materno?

Quando falamos de herança genética no contexto do narcisismo materno, referimo-nos à transmissão de certas características e predisposições através dos genes de uma geração para outra. Os genes são como instruções codificadas em nosso DNA que influenciam vários aspectos de nossa personalidade, comportamento e, sim, até mesmo a forma como as mães se relacionam com seus filhos.

É fundamental enfatizar desde o início que a herança genética não é um destino imutável. Não estamos irrevogavelmente ligados a características herdadas. Pelo contrário, a interacção entre a genética e o ambiente desempenha um papel crítico na expressão destas características. Portanto, quando falamos da influência da herança genética no narcisismo materno, estamos explorando como certos traços narcisistas podem ter uma base genética, mas também como esses traços se desenvolvem e se expressam no contexto da educação e das experiências de vida.

2. Traços genéticos associados ao narcisismo materno: o que dizem as pesquisas?

Pesquisas no campo da psicologia e da genética lançaram luz sobre certos traços e predisposições que podem ter uma ligação com o narcisismo materno. Contudo, é fundamental abordar esta questão com a compreensão de que a genética não funciona de forma simples e direta. A relação entre genética e comportamento é complexa e multifacetada.

Alguns estudos sugerem que a predisposição genética pode contribuir para a vulnerabilidade ao desenvolvimento de traços narcisistas. Essas características podem incluir uma maior necessidade de validação externa, uma tendência a buscar elogios e uma orientação para si mesmo na interação social. No entanto, é fundamental lembrar que a expressão dessas características pode ser fortemente influenciada pela educação e pelas experiências de vida.

3. Como se desenvolve a interação genética e ambiental: uma dança intrincada

A interação entre genes e ambiente é como uma dança intrincada em que cada um influencia o outro constantemente. No caso do narcisismo materno, os genes podem estabelecer certas predisposições, mas é o ambiente que ativa, modula e molda a expressão desses traços.

Imagine os genes como um conjunto de instruções. Estas instruções podem estar presentes no nosso ADN desde o nascimento, mas a sua activação e expressão dependem em grande parte das experiências de vida e das interacções ambientais. Uma mãe com predisposições genéticas para traços narcisistas pode ou não desenvolver esses traços, dependendo do ambiente e das experiências parentais.

4. O papel da paternidade e das experiências de vida: modelando o narcisismo materno

A educação e as experiências de vida são como escultores que moldam a expressão dos traços genéticos. Uma mãe com predisposições genéticas para o narcisismo pode manifestar ou atenuar essas características dependendo da qualidade de seu relacionamento com os próprios pais, de seu ambiente social e das experiências de vida pelas quais passou.

Por exemplo, uma mãe que tenha experimentado uma parentalidade carinhosa e desenvolvido competências de gestão do stress pode ser menos propensa a expressar traços narcisistas, mesmo que tenha predisposições genéticas para eles. Por outro lado, uma mãe com as mesmas predisposições genéticas, mas que enfrentou experiências de vida traumáticas ou deficiências emocionais, pode manifestar esses traços narcisistas de forma mais pronunciada.

5. A importância da consciência e da autoexploração

A herança genética no contexto do narcisismo materno nos incita a refletir sobre a importância da consciência e da autoexploração. Estar consciente das nossas próprias predisposições genéticas e estar aberto à exploração das nossas experiências de vida podem ser passos cruciais para compreender como elas influenciam a forma como nos relacionamos com os nossos filhos.

A autoexploração também nos permite ser agentes ativos na formação de nossas próprias interações parentais. Reconhecer padrões herdados e trabalhar conscientemente para mudar aqueles que podem ser prejudiciais é um poderoso ato de autodeterminação.

2.3 Desenvolvimento da personalidade narcisista na mãe

A) Infância e Primeira Infância: As Sementes Iniciais da Personalidade

O desenvolvimento da personalidade começa nos primeiros estágios da vida. Durante a primeira infância, a mãe vivencia uma interação crucial com seu ambiente e com seus cuidadores. A qualidade dessas interações influencia a formação da personalidade e estabelece as bases para futuras dinâmicas parentais.

Se a mãe vivencia cuidado afetuoso, apoio emocional e um relacionamento seguro com os próprios pais, é mais provável que ela desenvolva uma personalidade equilibrada e empática. No entanto, se estas experiências forem pobres ou traumáticas, podem surgir mecanismos de defesa, incluindo traços narcisistas.

B) Adolescência: a busca de identidade e validação

A adolescência marca uma fase crucial no desenvolvimento da personalidade. Nesse período, a mãe busca sua identidade e se esforça para obter validação externa. Se as necessidades emocionais não forem adequadamente satisfeitas durante a adolescência, os padrões narcisistas podem surgir como uma estratégia para obter atenção e validação que podem estar ausentes.

A pressão social e cultural também desempenha um papel importante durante a adolescência. Se a mãe vive num ambiente que supervaloriza o sucesso material, a aparência ou o status social, ela pode internalizar esses valores e desenvolver uma orientação narcisista na busca de atender a essas expectativas.

C) Transição para a Maternidade: A Influência da Experiência Parental Anterior

A transição para a maternidade é um período crucial que pode intensificar ou atenuar os traços narcisistas da mãe. As experiências parentais anteriores, especialmente o relacionamento com a própria mãe, têm um impacto significativo. Se a mãe experimentou modelos parentais afetuosos e saudáveis, é mais provável que ela adote padrões parentais semelhantes.

No entanto, se as experiências parentais anteriores foram desafiadoras ou careceram de apoio emocional, a mãe pode enfrentar dificuldade em estabelecer fortes ligações emocionais com os seus próprios filhos. É aqui que os traços narcisistas podem se manifestar, pois a mãe pode se concentrar mais nas suas próprias necessidades e desejos do que nas necessidades dos filhos.

D) Fatores Estressantes e Traumáticos: Gatilhos do Narcisismo Materno

Estressores e fatores traumáticos podem atuar como gatilhos significativos no desenvolvimento da personalidade narcisista na mãe. Experiências como a perda de um ente querido, problemas financeiros, divórcio ou outros eventos estressantes podem desencadear a ativação de mecanismos de defesa narcisistas como forma de lidar com a dor emocional.

A mãe pode recorrer a si mesma em busca de conforto, negligenciando as necessidades emocionais dos filhos. Este comportamento pode intensificar-se se a mãe não tiver competências para gerir o stress de forma saudável.

E) Interação Contínua com o Meio Ambiente: Feedback de Traços Narcisistas

Ao longo da vida, a interação contínua com o meio ambiente continua a influenciar o desenvolvimento da personalidade narcisista da mãe. As experiências parentais, as relações pessoais e profissionais e as interações sociais continuam a ser fatores formativos. Se a mãe vivencia continuamente situações que reforçam a importância das suas próprias necessidades em detrimento das dos outros, os traços narcisistas podem persistir e tornar-se mais fortes.

Capítulo 3: Efeitos nas Crianças

As mães desempenham um papel central na vida dos seus filhos, moldando não só a forma como eles percebem o mundo, mas também como eles se percebem. Neste capítulo apreciaremos os traços emocionais deixados pelo narcisismo materno, explorando como essas experiências iniciais podem influenciar o desenvolvimento emocional, social e psicológico das crianças. Da infância à adolescência, desvendaremos as complexidades das relações mãe-filho marcadas pelo narcisismo, buscando compreender não só o quê, mas também o como, desses efeitos duradouros. Através desta análise, pretendemos lançar luz sobre os desafios e possibilidades de cura, abrindo caminho para relacionamentos mais saudáveis e equitativos.

3.1 Como o narcisismo afeta o desenvolvimento emocional das crianças

O impacto do narcisismo materno no desenvolvimento emocional das crianças é um território complexo e delicado que merece uma exploração detalhada. Nesta seção, investigamos as sombras da validação emocional, examinando como a presença de uma mãe com tendências narcisistas pode deixar uma marca profunda no mundo interno dos filhos.

Lacunas na validação emocional: o eco das necessidades não atendidas

Uma mãe narcisista costuma estar mais focada em suas próprias necessidades e desejos do que nos sentimentos e necessidades emocionais de seus filhos. Esta falta de validação emocional pode criar um eco persistente no desenvolvimento emocional das crianças, deixando-as com uma sensação de invisibilidade e uma luta constante por reconhecimento.

Das expressões de alegria aos momentos de tristeza, as crianças procuram a validação das suas emoções como componente essencial para a construção de uma base emocional sólida. Contudo, no contexto do narcisismo materno, esta validação pode faltar. As crianças podem aprender a reprimir as suas emoções ou a duvidar do seu próprio valor emocional, uma vez que as suas experiências não são validadas ou reconhecidas pela mãe narcisista.

Impacto na autoestima: sementes de dúvida e desconfiança

A autoestima, aquele delicado broto no jardim emocional de uma criança, pode ser significativamente afetada pela falta de validação emocional. A mãe narcisista, focada em seu próprio mundo, pode deixar em seus filhos sementes de dúvida e desconfiança em si mesmos.

A busca constante por validação que caracteriza a infância e a adolescência pode se tornar um caminho espinhoso quando a mãe narcisista não oferece o apoio emocional necessário. As crianças podem começar a questionar o seu valor e buscar incansavelmente a aprovação externa, uma vez que a validação interna foi diminuída pela falta emocional no relacionamento com a mãe.

Dificuldades em gerenciar emoções: a ausência de modelos adequados

A mãe não é apenas uma figura de afeto, mas também um modelo crucial para a gestão e expressão saudável das emoções. No caso do narcisismo materno, as crianças podem enfrentar dificuldades no desenvolvimento de competências emocionais adequadas.

A mãe narcisista, focada nas suas próprias necessidades, pode não fornecer um exemplo forte de como gerir as emoções de forma construtiva. Isto pode fazer com que as crianças tenham dificuldade em compreender e expressar os seus próprios sentimentos, enfrentando desafios na regulação emocional e na construção de relacionamentos saudáveis mais tarde na vida.

<u>Formando vínculos emocionais frágeis: a sombra da conexão interrompida</u>

O desenvolvimento emocional saudável baseia-se em fortes conexões emocionais. A mãe narcisista, porém, pode contribuir para a formação de vínculos afetivos frágeis e distantes com os filhos. A falta de conexão emocional pode levar a um sentimento de solidão e a uma busca constante por afeto e validação em outros relacionamentos.

As crianças podem ter dificuldades em estabelecer relações emocionais seguras e satisfatórias, uma vez que a mãe narcisista pode não ter fornecido o modelo de ligação emocional necessária durante a infância. A sombra da ligação interrompida pode assombrar as crianças durante a vida adulta, afetando a qualidade dos seus relacionamentos e a sua capacidade de formar laços emocionais fortes.

3.2 Relações familiares e dinâmicas disfuncionais

As relações familiares são o tecido que constitui a estrutura das nossas vidas e, quando a sombra do narcisismo materno paira sobre elas, a dinâmica pode tornar-se complexa e, em muitos casos, disfuncional. Neste segmento, veremos as sombras da desconexão que podem colorir as relações familiares quando uma mãe apresenta tendências narcisistas.

1. Competição em vez de colaboração: a corrida pela validação

Nas famílias afetadas pelo narcisismo materno, a colaboração pode dar lugar à competição e a validação externa torna-se um recurso cobiçado. As crianças podem sentir que devem competir entre si pela atenção e aprovação da mãe narcisista, criando dinâmicas de rivalidade em vez de apoio mútuo.

Essa competição pode semear discórdia entre irmãos, gerando tensões que persistem ao longo da vida. A sombra da rivalidade pode ofuscar as relações familiares, dificultando a construção de vínculos sólidos e saudáveis entre irmãos.

2. O papel do bode expiatório e do favorito: dinâmicas tóxicas na família narcisista

Em algumas famílias com mãe narcisista podem surgir dinâmicas tóxicas, como o papel de bode expiatório e favorito. A mãe narcisista pode projetar suas próprias frustrações e desejos não realizados em um filho, designando-o como bode expiatório, enquanto eleva outro como favorito.

Esta dinâmica cria tensões e desequilíbrios nas relações familiares. O bode expiatório pode sentir-se constantemente apontado e menosprezado, enquanto o favorito pode sofrer uma pressão esmagadora para satisfazer as expectativas da mãe. As sombras desta dinâmica podem durar até a vida adulta, afetando a autoestima e os relacionamentos das crianças.

3. Falta de apoio à autonomia: o peso das expectativas irrealistas

Num ambiente narcisista, a mãe pode ter expectativas irrealistas sobre o papel e as realizações dos filhos. Pode ser difícil para as crianças encontrarem apoio na autonomia e na tomada de decisões, pois a mãe narcisista pode impor as suas próprias aspirações e desejos sem considerar as necessidades individuais.

Esta falta de apoio no desenvolvimento da autonomia pode ter consequências a longo prazo. As crianças podem enfrentar dificuldades em tomar decisões independentes, experimentando uma sensação de falta de controlo sobre as suas próprias vidas. As sombras destas dinâmicas disfuncionais podem ser projetadas nas relações pessoais e profissionais das crianças.

4. Desafios na construção de relacionamentos saudáveis: a sombra da desconfiança e da intimidade quebrada

As relações familiares narcisistas podem semear as sementes da desconfiança e da ruptura da intimidade nas crianças. A falta de validação emocional e de foco nas necessidades da mãe pode dificultar o estabelecimento de relacionamentos saudáveis e significativos na vida adulta.

As crianças podem ter dificuldade em confiar nos outros e em formar ligações emocionais profundas, uma vez que experiências familiares anteriores deixaram cicatrizes na sua capacidade de confiar e partilhar abertamente.

5. Cura da Dinâmica Familiar: Estratégias para Reconstruir Conexões

Apesar das sombras das dinâmicas disfuncionais, a cura e a reconstrução das ligações familiares são possíveis. Nas seções seguintes deste capítulo, exploraremos estratégias específicas destinadas a abordar dinâmicas disfuncionais e promover relacionamentos mais saudáveis.

Desde o estabelecimento de limites saudáveis até ao incentivo à comunicação aberta, estas estratégias são concebidas para ajudar as crianças a navegar nas sombras das relações familiares narcisistas e a construir um terreno mais forte para ligações significativas e equitativas no futuro.

3.3 O papel do narcisismo na formação da autoestima infantil

A autoestima das crianças é um botão delicado que se nutre das interações, do apoio e da validação emocional que os filhos recebem dos pais. No contexto do narcisismo materno, o espelho no qual as crianças procuram refletir-se pode ficar turvo.

A) Validação Condicionada: O Desafio de Ser "Bom" para Ser Amado

Nas famílias afetadas pelo narcisismo materno, a validação emocional pode ficar condicionada ao cumprimento de certos padrões. As crianças podem sentir que o seu valor e amor estão diretamente ligados à sua capacidade de satisfazer as expectativas e necessidades da mãe narcisista.

Esse condicionamento pode ter um impacto profundo na formação da autoestima. As crianças podem internalizar a crença de que só são dignas de amor e apreço quando cumprem as exigências da mãe, criando uma base frágil para o seu autoconceito .

B) O espelho quebrado: distorções na autopercepção

A autoestima se nutre da imagem que as crianças têm de si mesmas, mas no ambiente narcisista esse espelho pode fraturar. A falta de validação e apoio emocional pode levar a distorções na autopercepção, onde as crianças podem ver refletidas expectativas irrealistas e autoavaliações negativas.

A mãe narcisista, ao concentrar-se nas suas próprias necessidades, pode não fornecer o espelho claro e positivo que as crianças precisam para construir uma autoimagem saudável. Por outro lado, as crianças podem ver refletidas críticas e expectativas irrealistas, gerando dúvidas sobre o seu valor e capacidades.

C) O Peso das Comparações: Ser o Espelho dos Desejos Não Realizados da Mãe

Num ambiente narcisista, os filhos podem tornar-se o reflexo dos desejos não realizados da mãe. A mãe narcisista pode projetar suas próprias aspirações e expectativas nos filhos, comparando-as a um padrão idealizado que pode ser inatingível.

Esta comparação constante pode ter um impacto devastador na autoestima das crianças. Eles podem sentir que nunca atendem às expectativas da mãe, levando a uma autoavaliação negativa e à crença de que nunca serão bons o suficiente.

D) Impacto na resiliência emocional : a sombra da vulnerabilidade

A autoestima infantil também está interligada com a resiliência emocional , a capacidade de enfrentar desafios e superar adversidades. Num ambiente narcisista, a falta de apoio emocional pode enfraquecer a resiliência das crianças.

A necessidade constante de atender às expectativas da mãe narcisista pode levar a um sentimento de vulnerabilidade e medo do fracasso. As crianças podem enfrentar dificuldades em desenvolver a resiliência necessária para enfrentar os desafios da vida, uma vez que foram condicionadas a procurar validação externa como medida do seu valor.

Capítulo 4: Ciclos de Abuso Emocional do livro mães narcisistas

Neste capítulo observaremos como o comportamento narcisista se revela nas ondas de manipulação e dor silenciosa que impactam as crianças. Exploraremos como esses ciclos de abuso emocional se entrelaçam nas relações mãe-filho, deixando cicatrizes invisíveis, mas profundas, na estrutura da psique da criança. À medida que navegamos nestas águas turbulentas, procuraremos compreender a natureza destes ciclos, os seus efeitos duradouros e estratégias para quebrar o ciclo e promover a cura.

4.1 Padrões repetitivos nas interações mãe-filho

Nas relações afetadas pelo narcisismo materno, os padrões repetitivos nas interações mãe-filho assemelham-se a ondas que, em vez de se dissiparem, persistem, formando ciclos incessantes que afetam profundamente os filhos.

A busca perpétua por validação: um eco constante

No centro de muitos padrões repetitivos está a busca perpétua das crianças por validação. A mãe narcisista, focada em suas próprias necessidades, pode estabelecer um ciclo onde os filhos buscam constantemente aprovação e reconhecimento de seu valor. Este ciclo pode tornar-se uma dança exaustiva, à medida que as crianças procuram desesperadamente satisfazer as novas expectativas da mãe para obterem pelo menos um vislumbre de validação.

Essas interações podem criar um padrão repetitivo onde as crianças sentem que nunca estão à altura, o que por sua vez reforça a busca constante por validação. O ciclo de procurar, não encontrar e procurar novamente pode deixar as crianças emocionalmente exaustas e sentindo-se inúteis.

Manipulação sutil: quando as ondas se transformam em redemoinhos de confusão

Nas relações afectadas pelo narcisismo materno, a manipulação subtil torna-se um padrão repetitivo que tece um fio invisível mas poderoso nas interacções mãe-filho. A mãe narcisista pode usar táticas manipulativas para manter o controle e garantir que os filhos atendam às suas necessidades e expectativas.

Esta manipulação pode assumir várias formas, desde o uso da culpa até à criação de um ambiente onde as crianças sentem que devem constantemente adivinhar as necessidades mutáveis da mãe. As crianças podem ficar presas num ciclo de confusão e dúvida, pois as expectativas não são claramente comunicadas e qualquer desvio pode desencadear reações emocionais intensas por parte da mãe.

Ciclos de desvalorização: quando as ondas se transformam em tempestades de autoestima fragmentada

Os ciclos de desvalorização são uma característica distintiva nas interações mãe-filho no contexto do narcisismo materno. A mãe narcisista pode estabelecer um padrão em que desvaloriza consistentemente as realizações e o valor dos filhos. Este ciclo pode ter um impacto devastador na auto-estima das crianças, criando um ambiente onde elas nunca se sentem suficientemente bem.

A desvalorização constante pode levar as crianças a internalizar um sentimento de indignidade e a questionar constantemente as suas próprias capacidades e realizações. Esse padrão repetitivo pode deixar cicatrizes profundas na psique, afetando a percepção que as crianças têm de si mesmas ao longo da vida.

Expectativas irrealistas: ciclos de perfeccionismo inatingível

Nas relações afetadas pelo narcisismo materno, os ciclos de expectativas irrealistas tornam-se um padrão repetitivo que pode sufocar a autoestima e a autoaceitação dos filhos . A mãe narcisista pode estabelecer padrões impossivelmente elevados, criando um ciclo constante de esforços incansáveis para satisfazer expectativas inatingíveis.

Esse padrão repetitivo pode levar a uma sensação persistente de não estar à altura e gerar ansiedade constante por não atender às expectativas da mãe. As crianças podem sentir que nunca serão perfeitas o suficiente, o que pode afetar negativamente o seu autoconceito e a sua capacidade de estabelecer limites saudáveis em relacionamentos futuros.

Quebrando os ciclos: estratégias para lidar com padrões repetitivos

Apesar da persistência desses padrões repetitivos nas interações mãe-filho, é fundamental destacar que existe a possibilidade de romper esses ciclos e promover a cura. Nas seções seguintes deste capítulo, exploraremos estratégias específicas destinadas a abordar e modificar esses padrões repetitivos.

Desde o estabelecimento de limites saudáveis até ao incentivo à comunicação aberta, estas estratégias são concebidas para capacitar as crianças e ajudá-las a libertar-se de ciclos de manipulação e desvalorização. Ao desvendar padrões repetitivos, pretendemos abrir um caminho para relacionamentos mais saudáveis e equitativos.

4.2 Abuso psicológico e manipulação emocional

Nas relações afetadas pelo narcisismo materno, o abuso psicológico e a manipulação emocional podem ofuscar a saúde mental e emocional das crianças. Exploramos as formas complexas como estes padrões de abuso se manifestam, criando um ambiente onde as feridas emocionais são profundas, mas invisíveis, e onde a dor está interligada com a realidade diária das crianças.

1. O jogo de poder: manipulação para manter o controle

A mãe narcisista costuma usar táticas de manipulação para manter o controle na dinâmica mãe-filho. Este jogo de poder pode manifestar-se de várias maneiras, desde a manipulação emocional subtil até à criação de situações em que as crianças sentem que devem cumprir as novas expectativas da mãe para evitar consequências negativas.

A manipulação pode criar um ciclo insidioso onde as crianças ficam presas na busca constante de agradar a mãe e evitar conflitos. Esse padrão pode fazer com que as crianças se sintam desamparadas e presas em um ciclo emocional exaustivo.

2. Desgaste da autoestima: estratégias para minar a confiança das crianças

O abuso psicológico muitas vezes inclui estratégias destinadas a minar a auto-estima das crianças. A mãe narcisista pode usar comentários críticos, desvalorização constante e comparações desfavoráveis para minar a autoconfiança dos filhos.

Esses ataques sutis, mas persistentes, podem ter um impacto significativo na autoestima e na autoimagem das crianças. A repetição constante de mensagens negativas pode levar a criança a internalizar uma percepção distorcida de si mesma, afetando negativamente o seu bem-estar emocional ao longo do tempo.

3. Jogos Mentais: Criando Confusão e Dúvidas Constantes

A manipulação emocional muitas vezes envolve jogos mentais concebidos para criar confusão e dúvidas constantes nas mentes das crianças. A mãe narcisista pode mudar constantemente as regras do jogo, criando um ambiente onde os filhos sentem que nunca poderão prever as reações e expectativas da mãe.

Esse padrão de jogos mentais pode fazer com que as crianças se sintam constantemente inseguras e ansiosas. A falta de clareza e ambiguidade nas interações podem gerar uma sensação persistente de estar em guarda, contribuindo para o esgotamento emocional e psicológico.

4. Isolamento emocional: a manipulação que rompe vínculos

A mãe narcisista costuma usar a manipulação emocional para isolar emocionalmente os filhos. Pode criar um ambiente onde as crianças sentem que partilhar as suas emoções e experiências é perigoso ou não é permitido. A manipulação pode gerar um manto de silêncio emocional, onde as crianças têm medo de expressar seus verdadeiros sentimentos.

O isolamento emocional pode ter consequências duradouras nos relacionamentos das crianças, pois podem enfrentar dificuldades em estabelecer ligações emocionais saudáveis na vida adulta. A sombra da manipulação que rompe os laços pode perdurar, afetando a capacidade das crianças de confiar e partilhar relacionamentos futuros.

4.3 Consequências a longo prazo para os filhos adultos

A) Feridas emocionais duradouras: o peso da infância marcada pelo narcisismo

As feridas emocionais infligidas durante a infância sob a influência do narcisismo materno não desaparecem com a idade. Na idade adulta, as crianças podem carregar o peso dessas feridas, manifestando-se como dificuldades de regulação emocional, baixa autoestima e um sentimento persistente de não serem dignos o suficiente.

As sombras da infância marcada pelo narcisismo podem ser projetadas na qualidade dos relacionamentos, no desempenho profissional e na capacidade de enfrentar os desafios da vida. Os filhos adultos podem enfrentar ciclos repetitivos de autoavaliação e autoexigência negativa , decorrentes de experiências infantis enraizadas no narcisismo materno.

B) Dificuldades nas relações interpessoais: sombras que obscurecem a conexão humana

As relações interpessoais para filhos adultos de mães narcisistas podem ser um terreno desafiador e complexo. As sombras do narcisismo materno podem afetar a capacidade de confiar, estabelecer limites saudáveis e vivenciar plenamente a intimidade.

A luta para construir conexões emocionais fortes pode ser uma constante na vida dos filhos adultos. As sombras do narcisismo materno podem ser projetadas em suas interações, criando dificuldades na formação de relacionamentos autênticos e satisfatórios. Sentir-se vulnerável e buscar validação constantemente pode influenciar sua capacidade de fazer conexões significativas.

C) Desafios no desenvolvimento profissional e pessoal: sombras que permeiam a trajetória de vida

As sombras do narcisismo materno também podem permear a trajetória de vida profissional e pessoal dos filhos adultos. As dificuldades na construção de uma identidade sólida e a busca persistente por validação podem afetar o desenvolvimento profissional e os objetivos pessoais.

Os filhos adultos podem enfrentar desafios na tomada de decisões autónomas e na construção de uma vida que reflita os seus verdadeiros desejos e valores. As sombras do narcisismo materno podem funcionar como obstáculos, gerando dúvidas e questionamentos na busca pela autorrealização.

D) Autoexigência implacável : o eco do perfeccionismo inatingível

O perfeccionismo inatingível instilado durante a infância sob o narcisismo materno pode persistir na vida adulta. Os filhos adultos podem ficar presos num ciclo de auto-exigência implacável , onde qualquer desvio de padrões irracionais pode desencadear sentimentos de inadequação.

Essa autoexigência pode afetar a saúde mental e emocional dos filhos adultos, gerando ansiedade, estresse e uma sensação constante de não estar à altura. As sombras do perfeccionismo incutidas durante a infância podem ser projetadas em todas as áreas da vida, desde as relações pessoais até o desempenho profissional.

Capítulo 5: Estratégias de Enfrentamento

No quinto capítulo da nossa viagem pelo complexo cenário do narcisismo materno, aprofundaremos as estratégias de enfrentamento. Este capítulo é um farol orientador, uma bússola para aqueles que navegaram nas águas tempestuosas de ter uma mãe narcisista. Aqui, exploraremos estratégias específicas concebidas para ajudar as crianças a enfrentar, gerir e, em última análise, curar-se dos efeitos secundários do narcisismo materno.

As estratégias de enfrentamento não são apenas um meio de sobreviver às tempestades do narcisismo materno, mas também de florescer apesar delas. Ao explorar este capítulo, as crianças encontrarão ferramentas para recuperar o seu poder, estabelecer limites que protejam o seu bem-estar emocional e construir uma base sólida para relacionamentos autênticos e saudáveis. É hora de armar aqueles que vivenciaram as sombras do narcisismo materno com estratégias que os ajudarão a navegar e conquistar as águas tempestuosas em direção à cura e ao crescimento pessoal.

5.1 Desenvolvendo habilidades de enfrentamento

Confrontar as complexidades do narcisismo materno é uma tarefa monumental que requer não apenas compreensão, mas também um conjunto robusto de habilidades de enfrentamento. Este capítulo é um farol orientador que ilumina estratégias específicas destinadas a equipar as crianças com as ferramentas necessárias para navegar nas tempestades e permanecer firmes na busca pela cura.

1. Identificação e validação de emoções: a primeira linha de defesa

O desenvolvimento de habilidades de enfrentamento começa com o reconhecimento e a validação das emoções. Num ambiente afetado pelo narcisismo materno, as crianças enfrentam frequentemente uma avalanche de emoções complexas, desde a frustração à tristeza e raiva. Aprender a identificar e validar essas emoções é como estabelecer a primeira linha de defesa.

Reconhecer que as emoções são válidas e compreensíveis, mesmo quando parecem opressoras ou conflitantes, é o primeiro passo para construir resiliência emocional . A validação pessoal atua como uma âncora emocional, proporcionando estabilidade em meio às tempestades emocionais que podem surgir nas interações com uma mãe narcisista.

2. Estabelecendo limites saudáveis: protegendo o bem-estar emocional

Uma das habilidades de enfrentamento mais essenciais no contexto do narcisismo materno é estabelecer limites saudáveis. Isto envolve definir claramente o que é aceitável e o que não é nas interações com a mãe narcisista. Estabelecer limites não é um ato de confronto, mas sim uma forma de proteger o bem-estar emocional.

Esses limites podem incluir a comunicação eficaz de necessidades pessoais, o estabelecimento de expectativas realistas e, quando necessário, o distanciamento temporário ou permanente de interações tóxicas. Desenvolver a habilidade de estabelecer limites saudáveis é como ancorar um barco em águas turbulentas, proporcionando estabilidade e proteção.

3. Promovendo a autoafirmação: construindo força interna

A autoafirmação é uma ferramenta poderosa no arsenal de habilidades de enfrentamento. Num ambiente narcisista, onde a validação externa pode ser escassa, aprender a afirmar-se internamente torna-se um pilar fundamental para a saúde mental e emocional.

Promover a autoafirmação envolve reconhecer e valorizar as próprias realizações, qualidades e valor. As crianças podem cultivar uma força interna que funciona como um escudo contra a invalidação externa. Isto inclui desafiar as vozes internas críticas que podem ter sido internalizadas durante a infância e substituí-las por mensagens de autoafirmação e amor próprio .

4. Desenvolvendo resiliência emocional : aprendendo com as tempestades

Resiliência emocional é a capacidade de se recuperar das adversidades e aprender com experiências difíceis. Desenvolver essa habilidade envolve ver as tempestades emocionais como oportunidades para crescer e se tornar mais forte, em vez de mais fraco.

As crianças podem aprender a processar e gerir a dor emocional, cultivando uma mentalidade resiliente que as ajuda a enfrentar os desafios com força. A resiliência emocional atua como um leme que permite às crianças navegar em águas tempestuosas sem perder de vista a sua capacidade de recuperação e crescimento apesar das dificuldades.

5. Busca por Apoio Externo: Redefinindo a Equipe de Navegação

Desenvolver habilidades de enfrentamento não significa enfrentar sozinho as tempestades. Buscar apoio externo é uma estratégia vital. Isso pode incluir a participação em terapia, seja individual ou em grupo, ou o contato com amigos e entes queridos que possam fornecer apoio sólido.

Construir equipamento de apoio externo é como fortalecer o casco de um navio, proporcionando estabilidade e resistência adicionais. Compartilhar experiências com outras pessoas que navegaram em águas semelhantes pode ser reconfortante e fornecer perspectivas valiosas.

5.2 Estabelecendo limites saudáveis

Estabelecer limites saudáveis surge como uma ferramenta fundamental para proteger o bem-estar emocional. Essa habilidade é como erguer uma fortaleza emocional que protege contra as marés tumultuadas de manipulação e invalidação.

A base de um relacionamento saudável: limites da dinâmica mãe-filho

Limites saudáveis são a base sobre a qual são construídos relacionamentos emocionalmente equilibrados. No contexto da dinâmica mãe-filho, estabelecer limites envolve definir claramente quais comportamentos e interações são aceitáveis e quais não são. É um ato de autodefesa emocional, uma afirmação do próprio valor e dignidade.

As crianças podem estabelecer limites comunicando claramente as suas necessidades e expectativas à mãe narcisista. Isto pode envolver expressar com firmeza, mas respeito, como desejam ser tratados e quais comportamentos não tolerarão. Estabelecer limites não é um ato de confronto, mas sim uma afirmação de autonomia e do direito de ser tratado com respeito.

Reconhecendo os sinais de violação de limites: alerta vermelho nos relacionamentos

Uma parte crucial do estabelecimento de limites saudáveis é reconhecer os sinais de violação de limites. A mãe narcisista pode desafiar consciente ou inconscientemente esses limites, e as crianças devem estar alertas aos sinais de alerta. Isto pode incluir comentários depreciativos, invasões de privacidade, exigências excessivas de atenção ou manipulações emocionais.

Reconhecer esses sinais é como levantar uma bandeira vermelha nos relacionamentos. Permite que as crianças identifiquem situações em que os seus limites estão a ser desafiados e tomem medidas para proteger o seu bem-estar emocional.

Comunicação Clara e Assertiva: A Espada e o Escudo na Defesa dos Limites

A comunicação clara e assertiva é a espada e o escudo na defesa de limites saudáveis. As crianças podem aprender a expressar as suas necessidades de forma direta e respeitosa, sem medo de retaliação ou julgamento. A assertividade envolve manter a verdade sem agressão ou submissão.

A comunicação clara e assertiva estabelece um tom de respeito mútuo nas interações. As crianças podem praticar a expressão de limites de uma forma positiva, concentrando-se nas suas próprias necessidades e direitos, em vez de acusações contra a mãe narcisista. Isto fortalece a posição das crianças e cria uma base para relações mais equitativas.

Consistência na aplicação de limites: construindo fronteiras robustas

Consistência é a chave para construir limites robustos. Definir limites não é um evento único, mas sim um processo contínuo que requer perseverança e consistência. As crianças devem permanecer firmes na imposição de limites, mesmo quando confrontadas com resistência ou manipulação por parte da mãe narcisista.

A consistência na aplicação de limites é como construir um muro forte. Cada vez que as crianças defendem os seus limites, elas reforçam a integridade do seu bem-estar emocional. Isto também envia uma mensagem clara à mãe narcisista de que os limites são invioláveis e que o respeito mútuo é essencial no relacionamento.

Aprendendo a dizer "não": empoderamento na negação

Dizer "não" é um ato de capacitação fundamental para estabelecer limites saudáveis. As crianças podem aprender a dizer "não" com firmeza e respeito quando confrontadas com exigências injustas ou manipulações emocionais. Isto não é apenas uma afirmação da autonomia, mas também uma proteção contra o esgotamento e a invalidação.

Aprender a dizer "não" envolve reconhecer seus próprios limites e respeitar-se o suficiente para defendê-los. É uma ferramenta valiosa para preservar a energia emocional e manter uma conexão saudável com a própria verdade e necessidades.

5.3 Busca de apoio profissional e terapêutico

Na desafiadora jornada de enfrentamento do narcisismo materno, a busca por apoio profissional e terapêutico surge como um farol norteador, iluminando o caminho para a cura. É destacada a importância vital de recorrer a especialistas que possam oferecer ferramentas especializadas e perspectivas valiosas para ajudar as crianças a enfrentar e superar as consequências emocionais do narcisismo materno.

1. Compreendendo o papel do profissional: parceiros na cura

Profissionais especializados e terapeutas desempenham um papel crucial na jornada rumo à cura. Eles atuam como parceiros especialistas que podem proporcionar uma compreensão profunda da dinâmica relacional e emocional específica do narcisismo materno. A sua experiência torna-se um guia valioso para as crianças, oferecendo estratégias adaptadas às suas necessidades individuais.

Os profissionais podem ajudar as crianças a explorar e processar emoções complexas, fornecendo ferramentas práticas para enfrentar os desafios específicos que surgem nas relações afetadas pelo narcisismo materno. O seu papel vai além da resolução de problemas, abrangendo a criação de um espaço seguro para a expressão emocional e o incentivo a estratégias de enfrentamento eficazes.

2. O poder da terapia individual: explorando o mundo interior

A terapia individual surge como uma ferramenta poderosa para explorar o mundo interior e tratar feridas emocionais. Num ambiente seguro e confidencial, as crianças podem partilhar as suas experiências, medos e aspirações com um terapeuta. Este diálogo terapêutico funciona como um espelho que reflete e valida as emoções, proporcionando uma perspectiva externa que enriquece a compreensão pessoal.

A terapia individual também oferece um espaço para desenvolver estratégias de enfrentamento personalizadas e abordar padrões de pensamento e comportamento que podem ter se enraizado durante a infância. Ao explorar as camadas mais profundas da experiência emocional, as crianças podem encontrar clareza e orientação no seu caminho para a cura.

3. Grupos de Apoio: A Força da Comunidade Compartilhada

A força da comunidade compartilhada brilha nos grupos de apoio. Conectar-se com outras pessoas que navegaram em águas semelhantes proporciona um sentimento de pertencimento e compreensão mútua. Os grupos de apoio oferecem um espaço para compartilhar experiências, estratégias e conquistas, criando uma rede de apoio que fortalece cada membro.

A participação em grupos de apoio pode reduzir o isolamento emocional, proporcionando validação e empatia que muitas vezes faltam nas relações afetadas pelo narcisismo materno. A comunidade compartilhada torna-se um lembrete constante de que você não está sozinho em sua jornada, construindo um sentimento de unidade e força coletiva.

4. Terapia Familiar: Reconstruindo Pontes Relacionais

A terapia familiar concentra-se na reconstrução de pontes relacionais no contexto da família afetada pelo narcisismo materno. Esta abordagem permite que tanto as crianças como a mãe narcisista participem num processo terapêutico destinado a melhorar a comunicação, promover a compreensão mútua e estabelecer novas dinâmicas saudáveis.

Através da terapia familiar, as crianças podem expressar as suas necessidades e preocupações de forma estruturada e orientada, enquanto a mãe narcisista tem a oportunidade de compreender como as suas ações impactam os outros.

Este processo, embora desafiador, pode abrir portas para mudanças positivas na dinâmica familiar e promover a cura coletiva.

5. A Importância da Consistência: Compromisso com o Processo de Cura

Buscar apoio profissional e terapêutico é um compromisso contínuo com o processo de cura. A consistência na participação nas sessões terapêuticas e na aplicação das estratégias aprendidas é fundamental para obter resultados sustentáveis. A cura não é um destino, mas sim uma jornada, e buscar apoio profissional é um investimento contínuo no bem-estar emocional e relacional.

Capítulo 6: O Caminho para a Recuperação

D epois de explorar os diferentes aspectos do narcisismo materno e de nos munirmos de estratégias de enfrentamento, é hora de voltar nossa atenção para a recuperação. Esta não é apenas uma jornada em direção à cura emocional, mas também uma jornada de autodescoberta e capacitação. Ao longo deste capítulo, examinaremos os passos práticos e as percepções transformadoras que marcam o caminho para a recuperação, oferecendo orientação às crianças na sua busca por uma vida mais saudável e significativa.

6.1 Reconhecendo a necessidade de curar

O primeiro passo crucial é reconhecer a necessidade de curar. Este reconhecimento não envolve apenas estar consciente das feridas emocionais, mas também estar disposto a trilhar o caminho da cura com coragem e determinação. Neste segmento, exploraremos por que reconhecer esta necessidade é tão vital e como este passo inicial marca o início de uma transformação significativa.

1. O poder da autoconsciência: olhando para dentro de si mesmo

Reconhecer a necessidade de cura começa com um poderoso ato de autoconsciência. Envolve olhar para dentro de si com honestidade e coragem, enfrentar cicatrizes emocionais e reconhecer como as experiências passadas deixaram uma marca na psique. Esse processo de autoexame não serve para apontar culpas, mas para compreender a própria história e seus efeitos na saúde emocional atual.

A autoconsciência atua como uma luz que ilumina as áreas escuras da experiência emocional. Permite que as crianças identifiquem padrões de pensamento, comportamento e relacionamentos que podem estar relacionados à influência do narcisismo materno. Esta autoanálise é a base sobre a qual se constrói o caminho para a recuperação.

2. Aceite a realidade emocional: validando suas próprias experiências

Aceitar a realidade emocional é uma etapa fundamental no processo de reconhecimento. Aqui, as crianças validam as suas próprias experiências emocionais, reconhecendo que os seus sentimentos e reações são legítimos e compreensíveis. Pode envolver abandonar a autoculpa e compreender que a dinâmica familiar, especialmente quando envolve mães narcisistas, pode ter um impacto significativo na saúde emocional.

Aceitar a realidade emocional é como abrir uma porta que permite a entrada de compreensão e empatia consigo mesmo. Este passo é essencial para se libertar do fardo da culpa injusta e começar a tratar as feridas emocionais com compaixão e paciência.

3. O valor de procurar ajuda externa: romper o isolamento emocional

Reconhecer a necessidade de curar também significa reconhecer o valor de procurar ajuda externa. Isso pode ser na forma de amigos de confiança, familiares que apoiam ou profissionais de saúde mental. O isolamento emocional é comum em situações relacionadas ao narcisismo materno, e procurar ajuda externa é um passo corajoso para quebrar esse isolamento.

Compartilhar suas experiências com outras pessoas que passaram por situações semelhantes pode fornecer uma perspectiva valiosa e uma rede de apoio. Os profissionais de saúde mental, como terapeutas e conselheiros, podem oferecer orientação especializada para abordar complexidades emocionais e fornecer ferramentas eficazes para a recuperação.

4. Compreendendo o impacto a longo prazo: motivação para a recuperação

Reconhecer a necessidade de curar envolve compreender o impacto a longo prazo do narcisismo materno na vida de alguém. Essa compreensão atua como fonte de motivação para a recuperação. Compreender como as experiências passadas podem afetar os relacionamentos, a auto-estima e o bem-estar geral cria uma motivação intrínseca para trabalhar na própria cura.

Compreender o impacto a longo prazo também é essencial para desafiar padrões de pensamento negativos e exigentes que podem ter surgido durante a infância. A motivação para a recuperação surge da visão de um futuro em que a influência do narcisismo materno não dite mais a qualidade de vida.

5. Compromisso com o Processo: Construindo uma Base Sólida

O reconhecimento da necessidade de cura culmina no comprometimento com o processo de recuperação. Este compromisso não é apenas um evento único, mas uma jornada contínua em direção ao aprimoramento emocional e à construção de uma vida mais plena. Envolve a adoção de uma mentalidade construtiva, onde cada passo, por menor que seja, é uma contribuição significativa para a recuperação.

Comprometer-se com o processo também significa estar disposto a enfrentar desafios e comemorar conquistas, por mais modestas que sejam. A recuperação é uma jornada com altos e baixos, mas o compromisso consistente atua como base para construir uma base sólida para uma vida mais saudável e significativa.

Processo de autodescoberta e autoaceitação

Trata-se de construir uma identidade sólida, independente e autêntica. Vamos nos aprofundar nesse processo, explorando por que ele é crucial e como pode se tornar um farol no caminho da cura.

Explorando a autenticidade: além das expectativas de outras pessoas

O processo de autodescoberta começa com a exploração da autenticidade. Muitas vezes, em situações de narcisismo materno, os filhos cresceram adaptando-se às expectativas e exigências da mãe narcisista. Nesse processo, é comum que percam de vista quem realmente são.

Explorar a autenticidade envolve questionar as narrativas externas que moldaram a identidade. As crianças podem começar a se perguntar: quais valores são realmente meus? Quais são meus interesses e paixões genuínos? Este processo não só ajuda a redescobrir aspectos essenciais da personalidade, mas também nos permite construir uma identidade baseada na autenticidade e na verdade pessoal.

Aceitando emoções complexas: um ato de autocompaixão

A autoaceitação , componente-chave neste processo, envolve a aceitação das emoções complexas que surgiram como resultado da influência do narcisismo materno. Este ato de autocompaixão reconhece que todas as emoções, mesmo aquelas que podem parecer desconfortáveis ou desafiadoras, são válidas e compreensíveis.

Aceitar emoções complexas não significa justificar o comportamento da mãe narcisista ou invalidar o próprio sofrimento. Em vez disso, trata-se de permitir-se sentir, processar e liberar emoções de maneira saudável. Esse ato de autocompaixão é como abrir espaço para a cura emocional e construir um relacionamento mais saudável consigo mesmo.

Descobrindo pontos fortes pessoais: construindo uma base positiva

O processo de autodescoberta também nos leva a descobrir nossos próprios pontos fortes. Num ambiente afetado pelo narcisismo materno, as crianças podem muitas vezes subestimar as suas capacidades e qualidades. Agora é a hora de explorar e reconhecer esses pontos fortes como base para a construção de uma vida mais positiva e fortalecida.

Descobrir os pontos fortes pessoais envolve refletir sobre as conquistas, superar desafios e reconhecer as habilidades únicas que cada pessoa possui. Pode ser útil buscar feedback de amigos, mentores ou profissionais para obter uma perspectiva externa sobre os pontos fortes individuais. Este processo é como construir uma base sólida sobre a qual uma identidade mais forte e resiliente possa ser construída.

Definindo metas pessoais: conduzindo sua própria jornada

No caminho da autodescoberta e da autoaceitação , definir objetivos pessoais torna-se um passo fundamental. Esses objetivos não devem ser baseados em expectativas externas ou na busca de validação, mas sim no que realmente importa para cada indivíduo. Podem ser metas relacionadas ao crescimento pessoal, saúde emocional, relacionamento interpessoal ou realização profissional.

Definir objetivos pessoais é como assumir o comando da nossa própria jornada. Envolve um compromisso com o crescimento contínuo e a busca por uma vida significativa. Estes objetivos funcionam como faróis orientadores, iluminando o caminho para um futuro construído com base na autenticidade e na auto-capacitação .

Cultivando relacionamentos saudáveis: construindo conexões autênticas

No processo de autodescoberta e autoaceitação , surge também a necessidade de cultivar relacionamentos saudáveis. Isto envolve estabelecer conexões autênticas com aqueles que valorizam e respeitam a identidade única de cada indivíduo. Pode exigir o estabelecimento de limites saudáveis com pessoas tóxicas e a promoção de relacionamentos que promovam o crescimento e a positividade.

Cultivar relacionamentos saudáveis é como plantar sementes em um jardim emocional. Requer cuidado, atenção e paciência, mas as ligações autênticas que florescem tornam-se um elemento vital no processo de recuperação. Essas relações funcionam como um sistema de apoio que fortalece a identidade e contribui para o bem-estar emocional.

6.3 Construindo relacionamentos saudáveis

No processo de recuperação após enfrentar o narcisismo materno, a construção de relacionamentos saudáveis torna-se um componente essencial. Exploraremos por que razão estas relações são críticas, como podem ser construídas e o papel transformador que desempenham na jornada para a recuperação.

A) A importância dos relacionamentos saudáveis: um refúgio emocional

Relacionamentos saudáveis funcionam como um refúgio emocional no caminho da recuperação. Após experiências tumultuadas com uma mãe narcisista, construir conexões positivas torna-se um antídoto crítico para a toxicidade emocional. Esses relacionamentos proporcionam um espaço seguro onde as crianças podem experimentar amor, apoio e aceitação sem julgamento.

Relacionamentos saudáveis são como um bálsamo para feridas emocionais. Eles fornecem uma base sólida a partir da qual as crianças podem reconstruir a sua confiança nas relações interpessoais e desenvolver uma compreensão mais saudável da conexão humana.

B) Estabelecendo limites saudáveis: protegendo o bem-estar emocional

Na construção de relacionamentos saudáveis, estabelecer limites saudáveis surge como uma prática fundamental. Depois de enfrentar dinâmicas desafiadoras com uma mãe narcisista, as crianças podem aprender a identificar e comunicar as suas necessidades de forma clara e respeitosa. Estabelecer limites protege o bem-estar emocional e estabelece um tom de respeito mútuo nos relacionamentos.

Estabelecer limites saudáveis é como construir uma cerca protetora em torno da saúde emocional. Permite que as crianças participem nas relações de forma autêntica e equitativa, evitando a repetição de padrões tóxicos do passado.

C) Cultivando a comunicação positiva: a chave para conexões autênticas

A comunicação positiva é a chave mestra para construir conexões autênticas. Depois de enfrentarem a manipulação e a invalidação, as crianças podem aprender a expressar os seus pensamentos e emoções de forma clara e respeitosa. A escuta empática e a expressão aberta criam um terreno fértil para a construção de relacionamentos fortes.

Cultivar a comunicação positiva é como regar as raízes de uma planta saudável. Fortalece a conexão entre as pessoas, promovendo um entendimento profundo e construindo pontes emocionais.

D) Promovendo a empatia recíproca: construindo pontes de compreensão

A empatia recíproca é um componente essencial na construção de relacionamentos saudáveis. Após experiências com uma mãe narcisista, as crianças podem apreciar a importância de compreender e ser compreendidas. A empatia recíproca cria uma ponte de conexão, permitindo que ambas as partes se sintam vistas, valorizadas e aceitas.

Promover a empatia recíproca é como construir uma via de mão dupla. Cada pessoa pode avançar no sentido de compreender o outro, promovendo uma conexão mais profunda e significativa.

E) Celebrando a Individualidade: Nutrindo a Diversidade nos Relacionamentos

Em relacionamentos saudáveis, a individualidade é celebrada. Depois de viverem à sombra da mãe narcisista, os filhos podem aprender a valorizar e respeitar as diferenças nos outros e em si mesmos. Celebrar a individualidade nutre a diversidade nos relacionamentos, permitindo que cada pessoa seja autêntica e apreciada por quem é.

Celebrar a individualidade é como florescer num jardim de variedades únicas. Cada relacionamento torna-se único e enriquecedor, contribuindo para o crescimento mútuo.

F) O papel da confiança: reconstruindo conexões face a face

A confiança é um ingrediente chave na construção de relacionamentos saudáveis. Depois de conviver com a desconfiança devido ao narcisismo materno, as crianças podem aprender a confiar novamente. A confiança é construída ao longo do tempo através de ações consistentes, comunicação aberta e transparência.

A confiança é como construir uma ponte sólida. A cada interação positiva, um tijolo é adicionado, fortalecendo a conexão e permitindo que os relacionamentos floresçam.

Capítulo 7: Terapia e Recursos de Apoio

Este capítulo funciona como um farol orientador, iluminando as diversas ferramentas que estão disponíveis para aqueles que buscam a cura após enfrentarem o narcisismo materno. Exploraremos terapias especializadas, grupos de apoio e outros recursos que oferecem orientação e apoio no caminho da recuperação emocional e do crescimento pessoal.

7.1 Tipos de terapia recomendados

No caminho da cura após enfrentar o narcisismo materno, as terapias especializadas surgem como ferramentas valiosas e personalizadas que orientam o processo de recuperação. Descobriremos como estas terapias oferecem abordagens específicas, proporcionando um apoio significativo na jornada para a recuperação.

1. Psicoterapia: desvendando a narrativa emocional

A terapia de conversação, também conhecida como psicoterapia, concentra-se no diálogo aberto e na exploração da narrativa emocional do indivíduo. No contexto da influência do narcisismo materno, esta terapia proporciona um espaço seguro para as crianças partilharem as suas experiências, expressarem emoções reprimidas e explorarem as complexidades das suas relações.

O psicoterapeuta atua como um guia solidário, ajudando as crianças a desvendar padrões de pensamento e comportamento enraizados na influência de uma mãe narcisista. Através da expressão verbal inicia-se um processo de liberação emocional e construção de narrativas novas e mais saudáveis.

2. Terapia Cognitivo-Comportamental: Desafiando Padrões Negativos

A terapia cognitivo-comportamental (TCC) concentra-se na identificação e mudança de padrões de pensamento e comportamento negativos. No contexto do narcisismo materno, esta terapia aborda crenças limitantes e respostas emocionais condicionadas. As crianças aprendem a reconhecer e desafiar padrões prejudiciais, substituindo-os por pensamentos mais realistas e comportamentos saudáveis.

A TCC fornece ferramentas práticas para gerenciar o estresse, a ansiedade e a autoestima afetada pela influência narcisista. Ao trabalhar ativamente para mudar padrões negativos, as crianças podem experimentar uma transformação gradual na percepção que têm de si mesmas e na forma como se relacionam com os outros.

3. Terapia do Esquema: Abordando Crenças Profundamente Enraizadas

A terapia do esquema concentra-se em abordar crenças profundamente arraigadas que se desenvolveram durante a infância e continuam a afetar a vida adulta. Em situações de narcisismo materno, essas crenças podem ser distorcidas devido à manipulação e invalidação. A terapia do esquema ajuda a identificar e mudar esquemas disfuncionais, promovendo maior autoconsciência e autenticidade.

Ao explorar as raízes dos padrões de pensamento e comportamento, as crianças podem compreender melhor como a influência narcisista moldou os seus esquemas internos. Trabalhar na modificação desses esquemas permite uma transformação mais profunda e duradoura na percepção que têm de si mesmos e na qualidade de seus relacionamentos.

4. Terapia de Aceitação e Compromisso: Vivendo Plenamente

A terapia de aceitação e compromisso (ACT) concentra-se na aceitação das experiências presentes e no comprometimento com ações que estejam alinhadas com os valores pessoais. No contexto do narcisismo materno, o ACT ajuda as crianças a aceitar emoções complexas e a adotar comportamentos que promovam a saúde emocional e relacional.

Esta terapia fornece estratégias para lidar com a invalidação e manipulação emocional, incentivando as crianças a viverem de forma plena e autêntica. A ACT se concentra na construção de uma vida significativa além das limitações impostas pela influência narcisista.

5. Terapia de Grupo: Compartilhando Experiências e Fortalecendo Vínculos

A terapia de grupo oferece um ambiente no qual as crianças podem compartilhar suas experiências com outras pessoas que enfrentaram situações semelhantes. No contexto do narcisismo materno, esta terapia proporciona um sentimento de pertencimento e compreensão mútua. Os participantes podem compartilhar estratégias, desafios e triunfos, construindo uma valiosa rede de apoio.

A dinâmica de grupo proporciona um espaço seguro para expressão emocional e validação de experiências individuais. A terapia de grupo atua como um lembrete constante de que você não está sozinho em sua jornada de recuperação.

6. Terapia Familiar: Reconstruindo Pontes Relacionais

A terapia familiar aborda a dinâmica relacional dentro do contexto familiar afetado pelo narcisismo materno. Envolve a mãe e os filhos narcisistas num processo terapêutico concebido para melhorar a comunicação, promover a compreensão mútua e estabelecer novas dinâmicas saudáveis.

Através da terapia familiar, as crianças podem expressar as suas necessidades e preocupações de forma estruturada e orientada, enquanto a mãe narcisista tem a oportunidade de compreender como as suas ações impactam os outros. Este processo pode abrir portas para mudanças positivas na dinâmica familiar e promover a cura coletiva.

7.2 Grupos de apoio e comunidades online

Os grupos de apoio e as comunidades online são apresentados como um abraço virtual, proporcionando um espaço seguro onde as crianças podem partilhar experiências, encontrar compreensão e receber um apoio valioso. Este segmento explora a importância e a utilidade destes grupos, bem como a forma como formam uma rede de ligações significativas no caminho da recuperação.

A importância da conexão compartilhada: uma ponte de entendimento

Um aspecto fundamental dos grupos de apoio e comunidades online é a conexão compartilhada. Aqui as crianças encontram uma ponte de compreensão, pois compartilham experiências semelhantes relacionadas ao narcisismo materno. Este sentido de ligação elimina o sentimento de solidão que muitas vezes acompanha as situações difíceis, proporcionando um espaço onde cada voz é validada e cada história é compreendida.

A conexão compartilhada funciona como um lembrete constante de que você não está sozinho em sua jornada. Ao aderir a um grupo de apoio ou comunidade online, as crianças experimentam um sentimento de pertença que contribui significativamente para a cura emocional.

A Força da Validação: Reconhecimento de Experiências Individuais

Nestes espaços virtuais, a validação é uma força poderosa. As experiências individuais são reconhecidas e validadas por aqueles que enfrentaram desafios semelhantes. A mãe narcisista tende a invalidar as emoções e experiências dos seus filhos, e estes grupos de apoio oferecem um contrapeso crucial, proporcionando um ambiente onde cada voz conta.

A validação atua como uma ferramenta de capacitação. Ao sentir que as suas experiências são reconhecidas e respeitadas, as crianças podem começar a reconstruir a confiança em si mesmas e a validade das suas emoções.

Compartilhando dicas e estratégias práticas: uma troca de recursos valiosos

Dentro destes grupos de apoio e comunidades online, ocorre uma valiosa troca de estratégias e conselhos práticos. As crianças partilham abordagens que consideram eficazes para lidar com situações específicas relacionadas com o narcisismo materno. Desde como estabelecer limites saudáveis até como lidar com comunicações difíceis, esta partilha de recursos torna-se uma caixa de ferramentas valiosa para cada indivíduo.

Esta partilha de estratégias não só fornece soluções práticas, mas também promove um sentido de comunidade colaborativa. Ao aprender com as experiências dos outros, as crianças podem sentir-se mais capazes de enfrentar os desafios que surgem no seu próprio caminho para a cura.

Anonimato e segurança emocional: criando um espaço de confiança

A natureza online destes grupos e comunidades de apoio oferece anonimato e segurança emocional. Muitas crianças podem sentir-se relutantes em partilhar as suas experiências em ambientes presenciais por medo de julgamento ou retaliação. No entanto, online, sentem-se livres para se expressarem sem medo de estigma ou consequências diretas.

Este anonimato promove um espaço de confiança onde as crianças podem abrir-se sem reservas. Ao se sentirem emocionalmente seguros, eles ficam mais inclinados a compartilhar detalhes íntimos de suas experiências e a buscar o apoio necessário para avançar em sua jornada de cura.

Um Fórum de Empoderamento: Construindo Resiliência Coletiva

Estes grupos de apoio e comunidades online funcionam como fóruns de capacitação. Cada história compartilhada, cada palavra de encorajamento e cada conselho valioso criam resiliência coletiva . As crianças tornam-se fontes de força umas para as outras, criando um ambiente onde a resiliência é cultivada através da ligação e do apoio mútuo.

O fórum de capacitação torna-se um farol de luz que orienta cada indivíduo no seu caminho para a cura. A resiliência coletiva é uma força transformadora que leva as crianças a superar as adversidades e a caminhar em direção a uma vida mais plena e autêntica.

7.3 Recursos para recuperação emocional

Depois de enfrentar o narcisismo materno, ter recursos específicos pode ser como ter um mapa para navegar em águas tumultuadas. Este segmento explora vários recursos destinados a apoiar a recuperação emocional, fornecendo ferramentas e estratégias práticas que orientam o coração em direção à cura.

A) Literatura sobre autocuidado: palavras que abraçam a alma

A literatura sobre autocuidado é apresentada como um bálsamo para a alma. Livros que abordam tópicos de cura emocional, crescimento pessoal e autoaperfeiçoamento podem oferecer insights valiosos e conselhos práticos. Essas obras funcionam como companheiras silenciosas, proporcionando conforto e direcionamento em momentos difíceis.

De livros de autoajuda a memórias inspiradoras, a literatura sobre autocuidado pode ser uma fonte valiosa de reflexão e motivação. À medida que as crianças se aprofundam nestas páginas, encontram palavras que abraçam a alma e oferecem orientação na sua jornada rumo à recuperação emocional.

B) Meditação e Atenção Plena : Conectando-se com a Paz Interior

A meditação e a atenção plena revelam-se como práticas poderosas para se conectar com a paz interior. Depois de enfrentar a turbulência emocional do narcisismo materno, essas técnicas oferecem um espaço de calma e reflexão. A meditação orienta para a atenção plena, enquanto a atenção plena incentiva a consciência do momento presente.

Através destas práticas, as crianças podem aprender a gerir o stress, acalmar as suas mentes e cultivar uma relação mais compassiva consigo mesmas. A meditação e a atenção plena atuam como âncoras emocionais, proporcionando um refúgio tranquilo em meio às tempestades emocionais.

C) Arteterapia: Expressão sem Palavras

A arteterapia torna-se uma forma poderosa de expressão sem palavras. Depois de enfrentar o narcisismo materno, as crianças podem achar difícil colocar em palavras as suas emoções complexas. A arteterapia oferece um meio criativo de expressar o que muitas vezes é inefável.

Da pintura e desenho à escrita criativa e escultura, a arteterapia permite que as crianças moldem as suas emoções de uma forma que vai além das limitações da linguagem. Essa expressão sem palavras torna-se um canal terapêutico, liberando emoções reprimidas e incentivando a autoexploração.

D) Aplicativos de bem-estar mental: suporte contínuo no seu bolso

Na era digital, os aplicativos de bem-estar mental apresentam-se como aliados contínuos no seu bolso. Esses aplicativos oferecem uma variedade de recursos, desde meditações guiadas até monitoramento de humor e exercícios respiratórios. São ferramentas acessíveis que podem ser adaptadas às necessidades individuais.

A portabilidade destas aplicações permite que as crianças tenham acesso ao suporte a qualquer hora e em qualquer lugar. Com recursos que incluem lembretes de autocuidado e diários emocionais, esses aplicativos tornam-se companheiros confiáveis na jornada rumo à recuperação emocional.

E) Grupos de leitura e discussão on-line: conectando-se com comunidades virtuais

Grupos de leitura e discussão online oferecem uma maneira única de se conectar com comunidades virtuais. Através de plataformas online, as crianças podem participar em discussões sobre livros relacionados com a recuperação emocional e partilhar as suas perspectivas. Este intercâmbio com pessoas que partilham interesses semelhantes cria um sentimento de comunidade e pertença.

A participação em grupos de leitura e discussão online amplia a rede de apoio, proporcionando a oportunidade de aprender com as experiências de outras pessoas e compartilhar conhecimentos. Estas comunidades virtuais tornam-se espaços de enriquecimento e apoio mútuos.

Capítulo 8: Relacionamentos Adultos Mãe-Filho

Este segmento mostra-nos a dinâmica transformadora que surge quando as crianças, agora adultas, procuram estabelecer ligações maduras e saudáveis com as suas mães narcisistas. Navegaremos pelos desafios, oportunidades e estratégias para construir relacionamentos mais equitativos e autênticos nesta nova etapa da vida. A exploração destas dinâmicas revela a complexidade da ligação filial na idade adulta e como a cura pode influenciar o curso destas relações em mudança.

8.1 Reconciliação ou distanciamento

Na complexidade das relações mãe-filho na idade adulta, a encruzilhada entre a reconciliação e o distanciamento apresenta-se como um desafio fundamental. Após anos de influência narcisista, os filhos adultos enfrentam decisões que terão um impacto significativo na qualidade das suas relações maternas. Este segmento explora a dinâmica da reconciliação e do distanciamento, fornecendo insights sobre como as crianças podem tomar decisões informadas que reflitam as suas necessidades e objetivos pessoais.

1. Reconciliação: Buscando um Caminho para a Cura Compartilhada

A reconciliação com uma mãe narcisista envolve encontrar um caminho para a cura compartilhada. Esta abordagem envolve um diálogo aberto e uma vontade de ambos os lados de abordar as feridas do passado. A reconciliação não é um processo fácil, mas para algumas crianças representa a esperança de construir uma relação mais autêntica e equitativa.

A reconciliação pode envolver uma compreensão mútua de experiências passadas e um compromisso conjunto de trabalhar no sentido de construir uma ligação adulta mais saudável. Requer limites claros, comunicação aberta e um esforço partilhado para superar os padrões tóxicos do passado.

2. Distanciamento: Protegendo a Saúde Emocional e Pessoal

Já o distanciamento surge como estratégia de proteção à saúde emocional e pessoal. Após anos de dinâmica narcisista, alguns filhos adultos podem achar que o distanciamento é necessário para preservar o seu bem-estar. Escolher a distância não significa necessariamente cortar todos os laços, mas significa estabelecer limites claros para se proteger de influências tóxicas.

O afastamento pode ser uma opção válida quando a reconciliação parece improvável ou quando a relação continua a ser prejudicial para o filho adulto. Estabelecer limites saudáveis e manter distância emocional pode ser essencial para permitir que as crianças se concentrem no seu próprio crescimento e cura.

3. As dificuldades da reconciliação: superando os obstáculos à comunicação

A reconciliação, embora nobre na sua busca pela cura, é muitas vezes marcada por obstáculos significativos à comunicação. A mãe narcisista pode resistir em reconhecer o seu papel na dinâmica passada e pode ter dificuldade em demonstrar empatia genuína. Superar estes obstáculos requer paciência, compreensão e, por vezes, a ajuda de mediadores externos, como terapeutas familiares.

A falta de reconhecimento por parte da mãe narcisista pode levar à frustração do filho adulto, tornando a reconciliação um processo desafiador. Definir expectativas realistas e trabalhar com uma abordagem passo a passo pode ajudar a superar estas dificuldades.

4. Os riscos do distanciamento: navegando em emoções conflitantes

Embora o distanciamento possa ser uma estratégia necessária, também acarreta os seus próprios riscos emocionais. Os filhos adultos podem experimentar sentimentos de culpa, tristeza e perda à medida que se distanciam das mães. A pressão social e as expectativas familiares também podem acrescentar uma carga emocional adicional.

Navegar por essas emoções concorrentes é crucial para que o filho adulto mantenha seu bem-estar emocional. Buscar apoio por meio de amigos, terapeutas ou grupos de apoio pode ajudar a mitigar os desafios emocionais associados ao distanciamento.

5. O papel da terapia na tomada de decisões

A terapia torna-se uma ferramenta valiosa na tomada de decisões sobre reconciliação ou distanciamento. Um terapeuta pode fornecer perspectivas objetivas, ajudar a explorar emoções subjacentes e orientar na tomada de decisões informadas. A terapia familiar ou individual pode ser especialmente benéfica ao abordar a dinâmica específica do relacionamento mãe-filho e oferecer estratégias para a construção de conexões mais saudáveis.

O terapeuta atua como um mediador imparcial, facilitando o diálogo e ajudando ambos os lados a compreender as perspectivas um do outro. A terapia pode ser um espaço seguro para explorar opções e tomar decisões críticas para o bem-estar emocional a longo prazo.

8.2 Navegando na complexidade do relacionamento adulto

A transição da relação mãe-filho da infância para a idade adulta é uma jornada de autodescoberta tanto para as crianças quanto para as mães. Este segmento examina as muitas camadas que compõem esta complexidade, desde o estabelecimento de limites saudáveis até à gestão de expectativas, fornecendo insights e estratégias para navegar nestas águas emocionais com sabedoria e resiliência .

Estabelecendo limites saudáveis: um ato crucial de autocuidado

Na idade adulta, estabelecer limites saudáveis torna-se um ato crucial de autocuidado. Após anos de dinâmica narcisista, os filhos adultos devem aprender a definir e comunicar limites que protejam o seu bem-estar emocional. Esses limites atuam como barreiras saudáveis que preservam a integridade emocional e permitem relacionamentos mais equitativos.

Estabelecer limites pode envolver dizer "não" a comportamentos tóxicos, limitar a frequência da interação ou definir claramente as expectativas. Embora possa ser desafiador, aprender a estabelecer limites é essencial para construir relacionamentos adultos que promovam o crescimento pessoal e a saúde emocional.

Gerenciando Expectativas: Reconhecendo Realidades em Mudança

Gerenciar as expectativas torna-se um elemento-chave ao navegar pela complexidade das relações mãe-filho na idade adulta . Os filhos adultos muitas vezes enfrentam o desafio de ajustar as suas expectativas à realidade em mudança do relacionamento. Reconhecer que a mãe narcisista pode não mudar radicalmente é crucial para evitar decepções e frustrações.

Gerenciar expectativas envolve aceitar a mãe como ela é, com todas as suas limitações. Isto não significa perder a esperança de crescimento e mudança, mas significa adoptar uma abordagem realista para construir uma relação baseada nas realidades actuais.

Promovendo a comunicação aberta: uma ponte para o entendimento mútuo

A comunicação aberta constitui uma ponte para a compreensão mútua na relação mãe-filho na idade adulta. Incentivar o diálogo honesto e respeitoso é essencial para construir uma conexão adulta mais saudável. Os filhos adultos podem se esforçar para expressar suas necessidades, emoções e limites de forma clara e direta.

A mãe narcisista, por sua vez, pode beneficiar de uma comunicação aberta que promova a empatia e a compreensão das perspectivas dos seus filhos. Embora possa exigir paciência e esforço, a comunicação aberta torna-se um meio fundamental para construir pontes emocionais no relacionamento.

Cultivando a empatia recíproca: um componente essencial para a conexão

A empatia recíproca apresenta-se como componente essencial para a conexão na relação mãe-filho na vida adulta. Tanto as crianças como as mães devem esforçar-se por compreender as experiências e emoções umas das outras. A empatia cria um terreno fértil para o crescimento emocional e para a construção de uma conexão mais autêntica.

Cultivar a empatia envolve colocar-se no lugar do outro, reconhecer e validar emoções e esforçar-se para compreender perspectivas únicas. Este ato de compreensão mútua fortalece os alicerces do relacionamento e facilita a construção de pontes emocionais.

Abraçando a Individualidade: Reconhecendo a Autenticidade de Cada Um

Na idade adulta, abraçar a individualidade torna-se essencial para reconhecer a autenticidade de cada membro da relação mãe-filho. Os filhos adultos devem buscar sua identidade independente da influência narcisista e construir uma vida que reflita seus valores e objetivos pessoais.

A mãe narcisista, por sua vez, deve reconhecer e respeitar a individualidade dos filhos, permitindo-lhes crescer e desenvolver-se como seres únicos. Esse processo de abraçar a individualidade contribui para a construção de relacionamentos mais equitativos e respeitosos.

Terapia Familiar: Um Espaço de Transformação Conjunta

A terapia familiar revela-se como um espaço valioso de transformação conjunta na relação mãe-filho na vida adulta. Um terapeuta familiar pode orientar o processo de construção de uma conexão mais saudável, fornecendo ferramentas e estratégias para melhorar a comunicação e administrar conflitos.

A terapia familiar também oferece um ambiente neutro para explorar padrões familiares, abordar questões subjacentes e construir pontes para um relacionamento mais forte. Através da terapia, os membros da família podem aprender a compreender-se melhor e a trabalhar juntos em prol de objetivos comuns.

Capítulo 9: Impacto na Paternidade

A nalisaremos como as experiências com uma mãe narcisista podem influenciar a capacidade dos seus filhos para desempenharem papéis parentais e podem afectar a forma como os filhos adultos abordam a criação dos seus próprios filhos, examinando os desafios e estratégias para construir uma parentalidade consciente e saudável... apesar das sombras do passado.

9.1 Como o narcisismo materno afeta a parentalidade

Na complexa estrutura da parentalidade , o impacto do narcisismo materno revela-se como uma sombra persistente que pode influenciar a forma como os filhos adultos abordam a criação dos seus próprios filhos. Este segmento procura desvendar as várias maneiras pelas quais as experiências com uma mãe narcisista podem deixar marcas na abordagem da parentalidade. Exploraremos os desafios específicos que podem surgir e como os filhos adultos, apesar das sombras do passado, podem cultivar uma paternidade consciente e saudável .

Heranças do Narcisismo Materno: Reproduzindo ou Quebrando Padrões

As heranças do narcisismo materno manifestam-se de diversas maneiras na educação dos filhos adultos. Alguns podem acabar replicando involuntariamente os padrões tóxicos que experimentaram, enquanto outros se esforçam conscientemente para quebrar esses ciclos destrutivos. A influência de uma mãe narcisista pode afetar a percepção dos filhos adultos sobre a paternidade , e enfrentar essas influências é essencial para construir relacionamentos saudáveis com seus próprios filhos.

Desafios na conexão emocional: superando a distância herdada

O narcisismo materno freqüentemente afeta a capacidade dos filhos adultos de formar fortes conexões emocionais com seus próprios filhos. A falta de empatia e de foco da mãe narcisista em suas próprias necessidades pode deixar os filhos adultos com dificuldade de compreender e responder às necessidades emocionais dos filhos. Superar esta distância herdada requer um esforço consciente para desenvolver competências emocionais e promover uma ligação mais profunda com a próxima geração.

Equilibrando autoexigência e autenticidade: desafiando as expectativas instiladas

A autoexigência e a autenticidade tornam-se áreas de conflito para filhos adultos que vivenciaram o narcisismo materno. Alguns podem sentir uma pressão interna para serem "perfeitos" como pais, enquanto outros podem lutar com a autenticidade, com medo de repetir os erros de suas mães narcisistas. Desafiar essas expectativas inculcadas envolve cultivar um senso equilibrado de autoexigência que permita o crescimento pessoal e a autenticidade na criação dos filhos .

A importância de estabelecer limites saudáveis: protegendo a dinâmica familiar

Estabelecer limites saudáveis torna-se uma ferramenta vital para proteger a dinâmica familiar. Os filhos adultos que experimentaram o narcisismo materno podem enfrentar o desafio de estabelecer limites eficazes com os seus próprios filhos, ao mesmo tempo que aprendem a respeitar as necessidades e os limites dos seus filhos. A implementação de limites claros ajuda a criar um ambiente familiar seguro e equitativo.

Cultivando a comunicação aberta: quebrando o silêncio herdado

A comunicação aberta é apresentada como uma força transformadora para os filhos adultos que buscam criar seus filhos de forma consciente. Romper o silêncio herdado do narcisismo materno significa promover o diálogo honesto e respeitoso na família. Os filhos adultos podem aprender a expressar as suas emoções de forma saudável e encorajar a abertura emocional nos seus filhos, criando assim um espaço para a compreensão mútua.

Promovendo a autonomia infantil: combatendo a superproteção

A superproteção é outra sombra que pode ser lançada na educação de filhos adultos que vivenciaram o narcisismo materno. A promoção da autonomia infantil torna-se uma estratégia fundamental para contrariar esta influência. Permitir que as crianças desenvolvam competências independentes e tomem decisões adequadas à idade ajuda a construir uma base sólida para a autoestima e a autoconfiança.

Buscando Apoio Externo: Terapia e Redes de Apoio Parental

A procura de apoio externo, seja através de terapia familiar ou de redes de apoio parental, é uma ferramenta valiosa para os filhos adultos. A terapia pode fornecer um espaço para abordar especificamente a dinâmica herdada e oferecer estratégias para uma parentalidade consciente. Além disso, fazer parte de redes de apoio aos pais permite que os filhos adultos compartilhem experiências, obtenham conselhos práticos e recebam apoio emocional durante a jornada parental.

9.2 Quebrando o ciclo na próxima geração

Romper o ciclo do narcisismo materno na próxima geração surge como um ato de coragem e determinação para os filhos adultos que buscam construir um futuro livre de sombras. Desde a construção de conexões emocionais sólidas até a promoção da autonomia infantil, são exploradas chaves essenciais para transcender o impacto do narcisismo materno e construir um futuro familiar brilhante.

1. Cultivando fortes conexões emocionais: semeando a semente do amor incondicional

Cultivar conexões emocionais sólidas com os filhos apresenta-se como uma ferramenta fundamental para quebrar o ciclo do narcisismo materno. Através de gestos de amor, compreensão e apoio emocional, os filhos adultos podem semear as sementes do amor incondicional. Essa abordagem contrasta a falta de empatia vivenciada na infância, criando assim um ambiente emocionalmente seguro para os próprios filhos.

2. Promovendo a autonomia infantil: construindo bases para a confiança

Promover a autonomia infantil é essencial para construir bases sólidas para a autoconfiança das crianças. Ao proporcionar oportunidades para a tomada de decisões independentes e o desenvolvimento de competências, os pais podem contrariar a sobreprotecção associada ao narcisismo materno. Essa abordagem estimula a autoconfiança e a construção de uma autoimagem positiva nas crianças.

3. Promovendo a comunicação aberta: abrindo portas para a confiança mútua

A promoção da comunicação aberta constitui uma porta para a confiança mútua na família. Os filhos adultos podem criar um espaço onde a expressão emocional é acolhida e valorizada, quebrando assim o silêncio imposto pelo narcisismo materno. Incentivar o diálogo honesto e respeitoso fortalece os laços familiares e estabelece as bases para relacionamentos saudáveis.

4. Desafiando as expectativas dos pais: criando um modelo alternativo

Desafiar as expectativas parentais instiladas pelo narcisismo materno envolve a criação de um modelo parental alternativo. Os filhos adultos podem trabalhar para se afastarem dos padrões tóxicos e adotarem abordagens mais equitativas e respeitosas. Ao fazê-lo, estão a construir um caminho diferente para os seus próprios filhos, oferecendo um modelo alternativo de parentalidade que se baseia na compreensão, no respeito e no amor genuíno.

5. Construindo Resiliência Familiar : Enfrentando Desafios com Força Unida

Construir a resiliência familiar torna-se um escudo contra os desafios que podem surgir ao romper o ciclo do narcisismo materno. Os filhos adultos podem reconhecer que a parentalidade consciente enfrentará desafios, mas a resiliência familiar envolve enfrentar esses desafios com forças unidas. A colaboração e o apoio mútuo fortalecem a capacidade da família de superar as adversidades e construir um futuro mais saudável.

6. Modelando o autocuidado: transmitindo a importância da saúde emocional

Modelar o autocuidado torna-se uma lição fundamental para os filhos adultos que buscam construir um futuro familiar saudável. Ao priorizar a própria saúde emocional e demonstrar práticas de autocuidado, estão incutindo nos filhos a importância de cuidarem de si mesmos. Esta abordagem neutraliza a falta de consideração pelas necessidades emocionais que caracteriza o narcisismo materno.

7. Buscando Apoio Externo: Construindo Redes de Apoio aos Pais

A procura de apoio externo, seja através de terapia familiar ou de redes de apoio parental, fortalece os esforços para quebrar o ciclo do narcisismo materno. A terapia familiar pode fornecer um espaço para enfrentar especificamente os desafios e receber orientação na construção de uma parentalidade consciente . Fazer parte de redes de apoio aos pais oferece a oportunidade de partilhar experiências, obter conselhos práticos e receber incentivo durante a viagem.

Capítulo 10: Estudos de Caso e Depoimentos

No último capítulo temos um espaço para narrativas de resiliência e transformação, onde os indivíduos compartilham suas experiências, desafios e, acima de tudo, seus triunfos no processo de cura e construção de vidas significativas para além das sombras do passado. Estes estudos de caso e testemunhos servem como faróis de esperança e orientação para aqueles que procuram inspiração na sua própria jornada rumo à recuperação emocional.

Estas histórias pessoais são testemunhos vivos da capacidade humana de curar e crescer, mesmo nas sombras mais difíceis. Por meio dessas narrativas, buscamos iluminar os caminhos únicos que cada indivíduo percorreu, oferecendo inspiração e compreensão para quem busca compreender e superar o impacto de ter uma mãe narcisista.

10.1 Narrativas de Desafios e Triunfos

Cada história apresenta o seu próprio conjunto de desafios e triunfos, pintando um quadro vívido da complexidade do narcisismo materno e das suas consequências ao longo do tempo. Da infância marcada pela invalidação emocional à procura de identidade na idade adulta, estas narrativas exploram as várias etapas do percurso até à recuperação.

A) Curando feridas do passado

As histórias revelam como esses indivíduos lidaram com as feridas do passado. Superar a manipulação emocional, a falta de empatia e os padrões tóxicos exigiu um esforço consciente e um compromisso com o autocuidado. Através da busca por terapia, do apoio de redes de amigos e familiares e do processo de introspecção, eles iniciaram a jornada em direção à cura.

B) Construindo Relacionamentos Saudáveis

A construção de relacionamentos saudáveis surge como tema recorrente nessas histórias. Os protagonistas partilham como aprenderam a estabelecer limites, encorajar a comunicação aberta e promover fortes ligações emocionais nas suas próprias famílias. Estas experiências destacam a capacidade de quebrar ciclos destrutivos e construir um futuro relacional diferente.

C) Lições aprendidas e conselhos para outros

Além de suas próprias jornadas, esses indivíduos compartilham lições aprendidas e conselhos para aqueles que enfrentam desafios semelhantes. Desde a importância de procurar apoio externo até à necessidade de cultivar o autocuidado, estas lições oferecem orientação prática baseada em experiências vividas.

D) Celebrando o Renascimento Pessoal

Cada história se torna uma celebração do renascimento pessoal. Esses indivíduos encontraram a força para transformar a dor em poder, a confusão em clareza e a adversidade em oportunidade de crescimento. As suas histórias inspiram outros a reconhecer a possibilidade de renovação pessoal e a abraçar a capacidade de construir vidas significativas para além das sombras do passado.

E) Promoção da Comunidade e da Solidariedade

Estas histórias também enfatizam a importância da comunidade e da solidariedade na jornada de recuperação. Conectar-se com outras pessoas que passaram por desafios semelhantes proporciona um sentimento de pertencimento e compreensão. Através de grupos de apoio e comunidades online, estes indivíduos encontraram um espaço para partilhar, aprender e crescer juntos.

10.2 A importância de compartilhar experiências

A poderosa necessidade e o impacto transformador da partilha de experiências entre aqueles que enfrentaram o desafio de ter uma mãe narcisista são imperativos. A importância de abrir espaços para contar histórias reais reside na criação de uma rede de solidariedade que proporcione apoio, compreensão e orientação. Este ato de partilha de experiências não só valida as lutas individuais, mas também constrói pontes para a cura coletiva.

Quebrando o Silêncio: Libertação Através da Expressão

Compartilhar experiências torna-se um ato de quebrar o silêncio que muitas vezes caracterizou a vida das pessoas afetadas pelo narcisismo materno. A libertação através da expressão permite aos indivíduos dar voz às suas experiências, enfrentando o estigma e a solidão que muitas vezes envolve estes temas. Ao compartilhar suas histórias, são criados espaços seguros onde a verdade pode brilhar, proporcionando um contraste vital com a manipulação emocional e a invalidação experimentada no passado.

Validação e Empatia: Construindo Conexões Significativas

O ato de compartilhar experiências também proporciona validação e empatia. Aqueles que enfrentaram o narcisismo materno encontram nas histórias dos outros um reflexo de suas próprias lutas e triunfos. Esta validação emocional é essencial para a construção de conexões significativas, pois quebra o sentimento de isolamento e permite que os indivíduos percebam que não estão sozinhos em sua jornada.

Aprendizagem Mútua: Lições Tiradas de Experiências Compartilhadas

A comunidade formada em torno de experiências compartilhadas torna-se um espaço de aprendizagem mútua. Cada história fornece lições valiosas e estratégias práticas que outras pessoas podem aplicar em suas próprias jornadas de recuperação. Desde o estabelecimento de limites até à promoção de relações saudáveis, as experiências partilhadas tornam-se um rico recurso de sabedoria coletiva.

Inspiração para a recuperação: faróis de esperança na escuridão

As experiências partilhadas funcionam como faróis de esperança na escuridão. Quem está no início de sua jornada pode encontrar inspiração e força nas histórias de quem progrediu na recuperação emocional. Este ato de partilha oferece insights sobre a possibilidade de renovação pessoal, mostrando que apesar das sombras do passado, há luz no horizonte.

Construindo uma Rede de Apoio: Fortalecendo Laços Pessoais

A importância do compartilhamento de experiências está na construção de uma sólida rede de apoio. Através de conexões pessoais, seja em grupos de apoio locais ou em comunidades online, criam-se laços que funcionam como âncoras emocionais. Estas redes tornam-se recursos valiosos em tempos difíceis, proporcionando apoio emocional, conselhos práticos e a oportunidade de crescer ao lado de outras pessoas que partilham experiências semelhantes.

Conclusão

Este livro não só procurou lançar luz sobre a realidade sombria do narcisismo materno, mas também oferecer orientação, apoio e perspectivas para aqueles que trilharam este caminho complicado. Cada capítulo foi uma exploração detalhada, usando palavras acessíveis para compreender e abordar aspectos específicos deste desafio.

O reconhecimento transformador tem sido uma força fundamental. Validar experiências individuais tem sido essencial para quebrar o silêncio, enfrentar a invalidação emocional e construir uma base para a recuperação. Cada palavra compartilhada foi um ato de bravura, permitindo que as vozes superassem a manipulação e a falta de empatia.

Através de histórias verdadeiras, testemunhamos a força inquebrantável da resiliência humana . Desde a infância marcada pela confusão até à luta para estabelecer limites saudáveis na idade adulta, cada narrativa tem sido um testemunho da capacidade de curar e crescer apesar das sombras do passado. A resiliência tem sido a força motriz que impulsionou os protagonistas para a renovação pessoal.

A importância da partilha de experiências tem sido fundamental na construção de uma comunidade solidária. Cada história partilhada contribuiu para um tecido colectivo de compreensão mútua, aprendizagem conjunta e apoio emocional. Estas narrativas não só forneceram um espelho para aqueles que procuram a sua própria verdade, mas também construíram pontes para a recuperação emocional partilhada.

Ao longo dos capítulos, traçamos o caminho para a recuperação. Desde o reconhecimento de padrões tóxicos até ao estabelecimento de limites saudáveis, cada estratégia prática tem sido uma ferramenta para aqueles que procuram transformar a sua dor em poder. Os testemunhos foram faróis de esperança, guiando quem enfrenta o desafio do narcisismo materno para um horizonte de renovação e autenticidade.

Não apenas refletimos sobre as páginas que exploramos, mas olhamos para frente com a certeza de que cada palavra escrita foi um passo para a cura, a compreensão e a construção de um futuro diferente. Que este livro seja uma bússola para aqueles que buscam luz na escuridão, um guia na jornada para a recuperação emocional e um lembrete da força inerente que existe dentro de cada indivíduo, pronto para florescer mesmo após as experiências mais difíceis. Enfrentar as sombras do passado é o primeiro passo para acender a luz no caminho para uma vida plena e significativa.

Don't miss out!

Visit the website below and you can sign up to receive emails whenever Publicações de Alexandria publishes a new book. There's no charge and no obligation.

https://books2read.com/r/B-A-WDVCB-FBDUC

BOOKS 2 READ

Connecting independent readers to independent writers.

Did you love *Mães Narcisistas: A Verdade sobre ser Filha de uma Mãe Narcisista e Como Superar. Um Guia para Cura e Recuperação após o Abuso Narcisista*? Then you should read *Como dejar de Pensar Demasiado y Desintoxicarse: 8 Estrategias comprobadas para liberar la mente de Espirales Negativos, Reducir el Estrés, Aumentar la Productividad y Vivir en el Presente*[1] by Olivia I. Thigpen (ESP)!

Descubre el camino hacia una mente serena y liberada con "**Cómo Dejar de Pensar Demasiado y Desintoxicarse**". Este libro innovador te sumerge en un viaje transformador, ofreciéndote 8 estrategias probadas para liberar tu mente de las espirales negativas del pensamiento excesivo.

¿Te sientes atrapado en un torbellino de preocupaciones constantes? ¿El estrés te está robando la paz interior y la productividad en tu vida diaria?

Con esta guía experta, aprenderás las técnicas fundamentales de la atención plena, el manejo del estrés y el poder del autocuidado emocional. Olivia te lleva de la mano, proporcionándote herramientas prácticas para enfrentar patrones de pensamiento destructivos y cultivar una mentalidad positiva. Desde la práctica

---

1. https://books2read.com/u/bW6De7

2. https://books2read.com/u/bW6De7

de la gratitud hasta la importancia de establecer límites saludables, este libro te ofrece estrategias profundas y efectivas para liberarte de la trampa del pensamiento excesivo.

¿Qué Puedes Esperar de Este Libro?

Reducción del Estrés: Descubre cómo manejar el estrés y la ansiedad con técnicas respaldadas por la ciencia, permitiéndote encontrar la calma en medio del caos.Aumento de la Productividad: Aprende a liberarte del pensamiento excesivo para enfocarte en lo que realmente importa, aumentando tu productividad y logrando tus metas de manera efectiva.Vivir en el Presente: Desarrolla la habilidad de vivir plenamente en el momento presente, liberándote de las preocupaciones del pasado y del futuro.Cuidado Personal: Descubre el poder del autocuidado emocional, incorporando prácticas de relajación y gratitud en tu rutina diaria para revitalizar cuerpo y mente.

"Cómo Dejar de Pensar Demasiado y Desintoxicarse" es más que un libro; es una guía completa hacia una vida mentalmente equilibrada y significativa. No esperes más para liberarte del pensamiento excesivo y vivir una vida llena de claridad, gratitud y positividad. Tu viaje hacia la serenidad comienza aquí.

¡Comienza tu viaje hacia la paz mental hoy mismo!

Read more at https://oliviatda.com/.

Also by Publicações de Alexandria

Hipnose Extrema para Perda Rápida de Peso em Mulheres: Aprenda a Perder Peso com Hipnose e Poder Mental.

Aprender a Administrar o Dinheiro: Educação Financeira desde a Infáncia até a Adolescencia.Ensinando seus Filhos a Poupar, Gastar e Investir de Forma Inteligente.

Pais Narcisistas: O Desafio de Ser Filho ou Filha de um Pai Narcisista, e Como Superar. Um Guia para Cura e Recuperação Após o Abuso Dissimulado

Mães Narcisistas: A Verdade sobre ser Filha de uma Mãe Narcisista e Como Superar. Um Guia para Cura e Recuperação após o Abuso Narcisista

About the Author

Na Publicações de Alexandria nos dedicamos a oferecer trabalhos de qualidade apoiados por especialistas especializados em diversos temas. Nosso compromisso com a excelência se reflete em cada livro que publicamos. Colaboramos estreitamente com autores apaixonados para trazer a você uma ampla gama de conhecimentos em diversas áreas. Nossa missão é fornecer leituras valiosas e enriquecedoras que alimentem sua curiosidade e inspirem você a mergulhar no fascinante mundo do conhecimento. Bem-vindo a uma jornada constante de descoberta!

Milton Keynes UK
Ingram Content Group UK Ltd.
UKHW040254130224
437701UK00009B/433